気軽に編めて、かぶ

kids' hats & beanies
for all seasons

# 春夏秋冬の
# こどもの帽子

# Contents

**Spring & Summer**

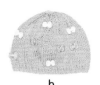

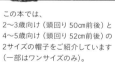

## Models

この本では、
2～3歳向け（頭回り50cm前後）と
4～5歳向け（頭回り52cm前後）の
2サイズの帽子をご紹介しています
（一部はワンサイズのみ）。

**Yuzuto**
身長：89cm
頭回り：50cm

**Amane**
身長：93cm
頭回り：50cm

**Rooney**
身長：107cm
頭回り：51.5cm

# Autumn & Winter

**J** しましまキャップ　P.19

**K** 三つ編みのキャップ　P.20

**L** しっぽつき帽子　P.21

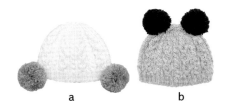

**M** アラン模様のキャップ　P.22

**N** パプコーン編みのベレー　P.24

**O** 縁ロールのキャップ　P.26

**P** ねこ耳のキャップ　P.28

**Q** ゴム編みのキャップ　P.30

**R** バラクラバ　P.32

**S** 耳当てキャップ　P.34

**Julie**
身長：109cm
頭回り：51cm

**Louis**
身長：112cm
頭回り：53cm

Spring
&
Summer

春と夏の帽子

4

# A

## Bear ear beanie

## くま耳のキャップ

Instructions ▶ P.42

Size
a 2〜3歳
b 4〜5歳

くまの耳をつけたシンプルなキャップは、編みやすくてこどもならではのかわいいデザイン。
秋冬にウールの糸で編むのもおすすめ。

Yarn：a ハマナカ ポーム ベビーカラー、b ハマナカ ウオッシュコットン
Design：岡本啓子　Making：宮崎満子

# B
## Thick rib beanie
## 太リブのビーニー

Instructions ▶ P.41

**Size**
**a** 4〜5歳
**b** 2〜3歳

太いリブで縦のラインを際立たせたビーニーは、トップをさりげなくとがらせて。
さらっとした風合いの綿混のリネン糸を選びました。

Yarn：**a** ハマナカ フラックスC、**b** ハマナカ フラックスK
Design：岡まり子　Making：内海理恵

a

b

Size
4〜5歳

トップクラウンがフラットなカンカン帽は、ブリムは透かし編みを入れて軽やかに。
**a** はお花モチーフのブレードを、**b** はグログランリボンを飾りました。

Yarn：**a** ハマナカ エコアンダリヤ、ハマナカ ウオッシュコットン《クロッシェ》、
　　　**b** ハマナカ エコアンダリヤ
Design：ATELIER *mati*

# C
## Boater hat
## カンカン帽

Instructions ▶ P.45

# D
## Acorn hat
## どんぐり帽子

Instructions ▶ P.48

Size
4〜5歳

トップをとがらせてひと結びしたどんぐり帽子。
ジグザグの編み込み模様を境にして、トップとかぶり口で色を変えています。

Yarn：ハマナカ ウオッシュコットン
Design：水原多佳子　Making：水原種子

# E

## Bow beanie

# リボンモチーフの
# キャップ

Instructions ▶ P.42

Instructions ▶ P.42

Size
a 2〜3歳
b 4〜5歳

丸みのある小さなリボンモチーフがラブリーな
パステルカラーのキャップ。
モチーフはキャップを編んでからつけるので、
お好みで増減しても。

Yarn：a ハマナカ ポーム ベビーカラー、
　　　 ハマナカ ポーム ベビーカラー《クロッシェ》
　　 b ハマナカ ウオッシュコットン、
　　　 ハマナカ ポーム ベビーカラー《クロッシェ》
Design：岡本啓子　Making：宮崎満子

a

b

# F

## Granny square hat

## モチーフつなぎの ハット

Instructions ▶ P.50

Instructions ▶ P.50

Size
2〜3歳

かぎ針編みのハットは、サイドクラウンにモチーフをぐるりと一周並べたデザイン。
ブリムはピコットで縁飾りをして、可憐な雰囲気に。

Yarn：ハマナカ ウオッシュコットン《クロッシェ》
Design：長者加寿子

13

# G

## Hat with chin strap

## あごリボンの
## クロッシェ

Instructions ▶ P.52

Instructions ▶ P.52

Size
4〜5歳

鮮やかなピンクのクロッシェは、透かし編みを利用してレースを通し、あごでリボン結びにしました。
レースは服装や気分に合わせて取り替えても。

Yarn：ハマナカ エコアンダリヤ
Design：ATELIER *mati*

# H
## Safari hat
## サファリハット

**Instructions ▶ P.54**

**Instructions ▶ P.54**

Size
4〜5歳

アウトドアな雰囲気のサファリハットは、実用的な丸ひもとコードストッパーがデザインポイントにもなります。
クラウンに通した編みひもでサイズ調整可能。

Yarn：ハマナカ エコアンダリヤ
Design：水原多佳子

**I**

## Work cap
# ワークキャップ
Instructions ▶ P.56

カジュアルな印象のワークキャップ。コットンのツィードヤーンでしっかりとした編み上がりに。
後ろにつけたタブとボタンでサイズ調整できるのがうれしい。

Yarn：ハマナカ コトーネツィード
Design：鎌田恵美子

Size
**4〜5歳**

秋と冬の帽子

# J
## Striped beanie
## しましまキャップ

Instructions ▶ P.58

a

b

Size
a 2〜3歳
b 4〜5歳

1段ごとに色を替えて3色使いにしたボーダーが、やんちゃな雰囲気でかわいい。
長編みベースなので編み進みが速いのもポイントです。

Yarn：a ハマナカ わんぱくデニス、b ハマナカ アメリー
Design：ナガイマサミ

# K
## Beanie with braids
## 三つ編みの
## キャップ

**Instructions ▶ P.60**

Instructions ▶ P.60

Size
........
**4〜5歳**

かぶるだけでお手軽に三つ編みヘアになれちゃうキュートなキャップです。
グレージュと濃淡 2色のピンクでニュアンスのある三つ編みにして。

Yarn：ハマナカ わんぱくデニス
Design：池上舞

# L

## Hat with a tail

## しっぽつき帽子

Instructions ▶ P.59

**Size**
4〜5歳

しましましっぽの後ろ姿がなんともかわいい！
ファーヤーンのふわふわの編み地は、あたたかくてかぶり心地も抜群です。

Yarn：ハマナカ メリノウールファー
Design：かんのなおみ

# M

## Aran cable beanie

## アラン模様の
## キャップ

Instructions ▶ P.62

Size

a 2〜3歳
b 4〜5歳

人気のアラン模様のキャップに、大きめのボンボンをつけました。
a はかぶり口につけてイヤーマフ風に。b は高い位置につけて耳のようにして。

Yarn：a ハマナカ かわいい赤ちゃん、b ハマナカ わんぱくデニス
Design：河合真弓　Making：栗原由美

**Size**

a 2〜3歳
b 4〜5歳

パプコーン編みのポコポコとした編み地がアクセントになったボンボンつきのベレー。
トップはギャザーを寄せて、立体感のあるフォルムにしています。

Yarn：**a** ハマナカ かわいい赤ちゃん、**b** ハマナカ わんぱくデニス
Design：川路ゆみこ

# N

**Popcorn stitch beret**

## パプコーン編みの
## ベレー

Instructions ▶ P.64

# O
## Rolled edge beanie
## 縁ロールのキャップ

Instructions ▶ P.66

超極太の糸でざっくりと編んだキャップは、縁をくるくるロールさせて
裏側の裏メリヤス編みを見せます。編み地に変化が出るのがおもしろい。

Yarn：**a** ハマナカ ソノモノ《超極太》、**b** ハマナカ アメリー エル《極太》
Design：岡まり子　Making：内海理恵

**Size**
a 4〜5歳
b 2〜3歳

# P

## Cat ear beanie

## ねこ耳のキャップ

Instructions ▶ P.68

長方形に編むかんたんなフォルムですが、かぶると角が立ち上がって
ねこ耳のようになるお得なデザイン。ボンボンつきのあごひもを結んで。

Yarn：ハマナカ アメリー
Design：川路ゆみこ

# Q

## Rib beanie

## ゴム編みのキャップ

Instructions ▶ P.67

a

Instructions ▶ P.67

**Size**
a 2〜3歳
b 4〜5歳

元気な色使いがおしゃれなボンボンキャップ。
表目2目と裏目1目の変わりゴム編みなので、かぶり口を折り返したときに編み地に変化が出ます。

Yarn：a ハマナカ わんぱくデニス、b ハマナカ アメリー
Design：marshell

b

# R
## Balaclava
## バラクラバ

Instructions ▶ P.70

Size
4〜5歳

首回りまですっぽり覆ってくれてあたたかい
バラクラバは、 どの角度から見てもかわいい。
ほとんどまっすぐに編めるので意外とかんたんです。

Yarn：ハマナカ アメリー
Design：長者加寿子

33

耳があたたかくておしゃれな耳当てキャップは、脱げにくいのもポイント。
毛羽があってふんわりとしたタム糸とストレートの糸を組み合わせて。

Yarn：ハマナカ カミーナ タム、ハマナカ カミーナ ストレート
Design：かんのなおみ

Size
4〜5歳

# S
## Earmuff beanie
## 耳当てキャップ

Instructions ▶ P.72

# Point lesson　編み方のポイント解説

## 🐑 テクノロートの使い方　いろいろな形に曲げられて、作品に編みくるむと形を保てる「テクノロート」の使い方を説明します。

### テクノロートに熱収縮チューブをつける

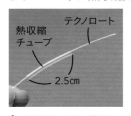
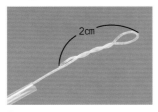

**1** テクノロートに、約2.5cmにカットした熱収縮チューブを通す。

**2** テクノロートの端から約2cmのところで折り曲げて数回ねじる。このとき、先端の輪はかぎ針の頭が入る程度の大きさにしておく。

**3** 2でねじった部分に、1で通しておいた熱収縮チューブを重ねる。

**4** ドライヤーで熱収縮チューブ全体を加熱し、収縮させる。

※火傷をしないように気をつけてください

**5** 熱収縮チューブが収縮して、テクノロートに密着したところ。

### テクノロートの編みくるみ始め方　（ここでは細編みの編み地で説明します。）

**6** テクノロートを編み始める前段の最後で引き抜き編みをする際に、矢印のようにテクノロートの輪に針を入れる。

**7** テクノロートの輪にかぎ針を入れたところ。矢印のように針に糸をかけ、引き抜く。

**8** 引き抜き編みをして、テクノロートが編み地とつながったところ。

**9** 立ち上がりの鎖1目を編み、矢印のように針を入れる。

### テクノロートの編みくるみ終わりの始末の仕方

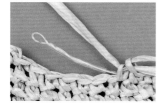

**10** 矢印のように針に糸をかけ、編み地とテクノロートを一緒に細編みを編む。

**11** テクノロートを編みくるんで細編みが1目編めたところ。続けて編んでいく。

**12** 編み終わりの5目手前まで編んだらテクノロートを残りの目の倍の長さを残してカットし、約2.5cmの熱収縮チューブを通す。

**13** 2〜5の要領でテクノロートをねじり、熱収縮チューブをドライヤーで収縮させる。

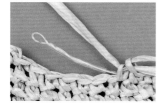

**14** 熱収縮チューブが収縮して、テクノロートに密着したところ。

**15** 残りの5目を編み、矢印のように針を入れて、最後の引き抜き編みをする。

**16** 引き抜き編みをして、テクノロートの編みくるみ終わりの始末ができたところ。

## ♣ しぼり止めの仕方（棒針編み）

**1** 編み終わりの糸端を長めに残しておき、編み針を外しながら最終段の目にとじ針を通す。

**2** 1周通したところ。

**3** 同じ要領でもう1周拾う。

**4** 糸端を引きしぼり、編み地の裏側にくぐらせて糸始末する。

## ♣ しぼり止めの仕方（かぎ針編み）

**1** 編み終わりの糸端を長めに残しておき、とじ針を通し、最終段の頭目の手前側半目を拾っていく。

**2** 1周拾ったところ。同じ要領でもう1周拾う。

**3** 糸端を引きしぼり、編み地の裏側にくぐらせて糸始末する。

## ♣ ボンボンの作り方

**1** ボンボンの直径＋1cmの厚紙（中央に1cmの切り込みを入れる）を用意し、糸を指定回数巻く。

**2** 厚紙の切り込みに結び糸を通して2回からげて結び、もう一度2回からげてきつく結ぶ。

**3** 厚紙から糸束を外し、はさみで両端の糸の輪をカットする。

**4** 中央を結んだ糸を残しておき、糸端を切り揃えてボンボンの形を整える。

## ♣ 仕上げのスチームのあて方

**1** エコアンダリヤなどをかぎ針で編んだ立体的な帽子は、中にタオルや新聞紙を丸めて入れて形を整える。

**2** 作品から少し浮かせた状態で、スチーマーやアイロンでスチームをあてる。冷めるまで置いておく。

**3** 棒針編みの帽子は編み地が伸びやすいので、平面の状態でアイロン台の上に置き、**2**と同じ要領でスチームをあてて冷めるまで置いておく。

## F モチーフ3段めの編み方

**1** 立ち上がりの鎖1目と細編み1目を編んだら、矢印のように2段めの鎖目をそっくり拾って細編みを編む。

**2** 細編みが1目編めたところ。同じ要領で細編みを4目編む。

**3** 細編み5目が編めたところ。続けて、矢印のように針を入れ、細編みを1目編む。

**4** 細編みが1目編めたところ。針に糸をかけ、矢印のように1段めの細編みの頭目に針を入れる。

**5** 1段めの細編みの頭目に針を入れたところ。矢印のように針に糸をかけて引き出す。

**6** 糸を引き出したところ。2段めの鎖編みをくるむようにして長編みを完成させる。

**7** 長編みが編めたところ。4〜6と同じ要領で、同じ1段めの細編みに長編みを編む。

**8** 長編みが2目編めたところ。

**9** 次の細編み1目が編めたところ。編み図を参照しながら2〜8をくり返す。

**10** モチーフ3段めが編めたところ。

## M ねじり目の右上2目一度 ✂

**1** 左針の目を編まずにそのまま右針に移す。

**2** 次の左針の目を表目で編む。1で右針に移した目に、矢印のように左針を入れる。

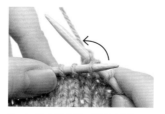

**3** 左針の目を2で編んだ目にかぶせて、左針を外す。

**4** 左針を外して、ねじり目の右上2目一度が編めたところ。

## P 左上3目交差

**1** 左針の3目をなわあみ針に移し、編み地の向こう側に置く。矢印のように次の目に針を入れ、3目を表目で編む。

**2** 表目3目が編めたところ。

**3** 1でなわあみ針に移した3目を表目で編む。

**4** 左上3目交差ができた。

## P 右上3目交差

**1** 左針の3目をなわあみ針に移し、編み地の手前側に置く。矢印のように次の目に針を入れ、3目を表目で編む。

**2** 表目3目が編めたところ。

**3** 1でなわあみ針に移した3目を表目で編む。

**4** 右上3目交差ができた。

## P 鎖編み3目と長編み2目の玉編み（棒針の編み地の中に、かぎ針で玉編みを編む）

**1** 左針の目に矢印のようにかぎ針を入れて目を左針から外し、かぎ針に糸をかけて引き出す。

**2** 糸を引き出して鎖編み1目が編めたところ。続けて鎖編み2目を編む。

**3** 鎖目3目が編めたところ。続けて、未完成の長編みを1目編む。

**4** 未完成の長編みが1目編めたところ。続けて、未完成の長編みをもう1目編む。

**5** 鎖編み3目と、未完成の長編み2目が編めたところ。針に糸をかけ、一度に引き抜いて玉編みを完成させる。

**6** 一度に引き抜いて、鎖編み3目と長編み2目の玉編みが編めたところ。

**7** 目をかぎ針から外して右針に移す。

# Yarn　この本で使用した糸

( 実物大 )

|  |  |
|---|---|
| エコアンダリヤ | レーヨン100%　40g玉巻（約80m）<br>かぎ針5/0〜7/0号 |
| ウオッシュコットン | 綿64%、ポリエステル36%　40g玉巻（約102m）<br>棒針5〜6号　かぎ針4/0号 |
| ウオッシュコットン《クロッシェ》 | 綿64%、ポリエステル36%　25g玉巻（約104m）<br>かぎ針3/0号 |
| ポーム ベビーカラー | 綿（ピュアオーガニックコットン）100%　25g玉巻（約70m）<br>棒針5〜6号　かぎ針5/0号 |
| ポーム ベビーカラー《クロッシェ》 | 綿（ピュアオーガニックコットン）100%　25g玉巻（約110m）<br>棒針3〜4号　かぎ針3/0号 |
| フラックスC | リネン82%、綿18%　25g玉巻（約104m）　かぎ針3/0号 |
| フラックスK | リネン78%、綿22%　25g玉巻（約62m）　棒針5〜6号　かぎ針5/0号 |
| コトーネツィード | 綿90%、ナイロン10%　30g玉巻（約94m）<br>棒針5〜6号　かぎ針4/0号 |
| わんぱくデニス | アクリル70%、ウール（防縮加工ウール使用）30%　50g玉巻（約120m）<br>棒針6〜7号　かぎ針5/0号 |
| かわいい赤ちゃん | アクリル60%、ウール（メリノウール使用）40%　40g玉巻（約105m）<br>棒針5〜6号　かぎ針5/0号 |
| カミーナ ストレート | ウール（防縮加工ウール使用）100%　40g玉巻（約84m）<br>棒針6〜7号　かぎ針6/0号 |
| カミーナ タム | ウール（防縮加工ウール使用）64%、ポリエステル36%　40g玉巻（約138m）<br>棒針6〜7号　かぎ針6/0号 |
| アメリー | ウール（ニュージーランドメリノ）70%、アクリル30%　40g玉巻（約110m）<br>棒針6〜7号　かぎ針5/0〜6/0号 |
| アメリー エル《極太》 | ウール（ニュージーランドメリノ）70%、アクリル30%　40g玉巻（約50m）<br>棒針13〜15号　かぎ針10/0号 |
| ソノモノ《超極太》 | ウール100%　40g玉巻（約40m）<br>棒針15号〜8mm |
| メリノウールファー | ウール（メリノウール）95%、ナイロン5%　50g玉巻（約78m）<br>棒針6〜8号 |

# B 太リブのビーニー ▶ Photo：P.6

 a
 b

糸 [a] ハマナカ フラックスC 薄グレー（108）60g
　　 [b] ハマナカ フラックスK 緑（207）50g
用具 ○ハマナカ アミアミ手あみ針4本針
　　 [a] 4号、5号 [b] 3号、4号

○ゲージ（10cm四方）
　模様編み [a] 24目 27.5段 [b] 25.5目 30段
○できあがり寸法 頭回り [a] 50cm [b] 47cm

## ❧ 編み方
※aは2本どりにして編みます。
一般的な作り目で編み始め、2目ゴム編み・模様編みで帽子を
輪に編み、編み終わりの目に糸を2回通してしぼり止めします。

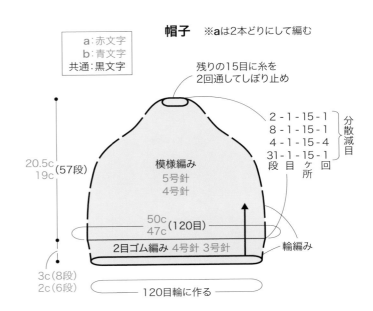

帽子 　※aは2本どりにして編む

a：赤文字
b：青文字
共通：黒文字

残りの15目に糸を
2回通してしぼり止め

20.5c（57段）
19c

模様編み
5号針
4号針

50c（120目）
47c

2目ゴム編み 4号針 3号針

3c（8段）
2c（6段）

120目輪に作る

2 - 1 - 15 - 1
8 - 1 - 15 - 1
4 - 1 - 15 - 4
31 - 1 - 15 - 1
段 目 ケ 回
　　 所
分散減目

輪編み

## 帽子の編み方

□ =|表目　|※| =左上1目交差　|人| =左上2目一度
— =裏目　|※| =右上1目交差　|人| =左上2目一度（裏目）

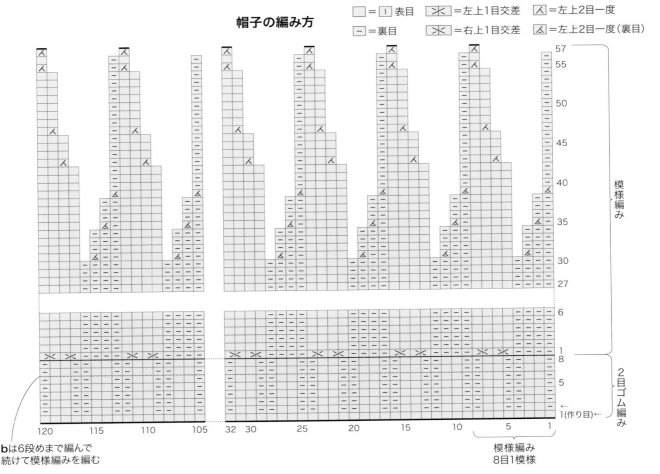

bは6段めまで編んで
続けて模様編みを編む

模様編み
8目1模様

模様編み

2目ゴム編み

# A くま耳のキャップ ▶Photo：P.5

a　b

糸　[a] ハマナカ ポーム ベビーカラー　オレンジ (305) 35g
　　[b] ハマナカ ウオッシュコットン　茶 (38) 40g
用具　○ハマナカ アミアミ手あみ針4本針
　　　[a] 3号、5号
　　　[b] 4号、6号

## A・E 共通

○ゲージ（10㎝四方）　　○できあがり寸法
　[a] 21目　30段　　　　頭回り [a] 44㎝
　[b] 20目　26段　　　　頭回り [b] 46㎝

### 🌥 編み方
※Aの耳は2本どりにして編みます。
1　一般的な作り目で編み始め、2目ゴム編み・メリヤス編みで帽子を輪に編み、編み終わりの目に糸を2回通してしぼり止めします。
2　Aは一般的な作り目で編み始め、ガーター編みで耳を編み、編み終わりを伏せ止めします。Eは鎖編みの作り目で編み始め、リボンを編みます。
3　耳（A）とリボン（E）をそれぞれ帽子にとじつけます。

# E リボンモチーフのキャップ ▶Photo：P.12

a　b

糸　[a] ハマナカ ポーム ベビーカラー　ブルー (95) 30g
　　[b] ハマナカ ウオッシュコットン　ピンク (8) 35g
　　○ハマナカ ポーム ベビーカラー《クロッシェ》
　　　[a] 生成り (601) 5g、ピンク (602) 5g
　　　[b] 生成り (601) 5g、青 (605) 5g
用具　○ハマナカ アミアミ手あみ針4本針
　　　[a] 3号、5号
　　　[b] 4号、6号
　　○ハマナカ アミアミ両かぎ針ラクラク　3/0号

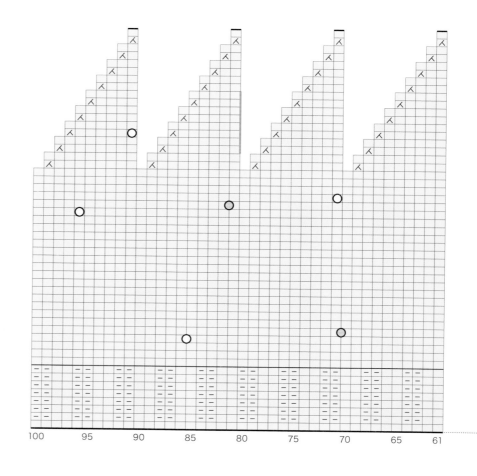

100　95　90　85　80　75　70　65　61

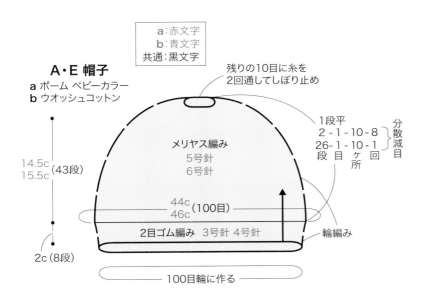

## A・E 帽子

a ポーム ベビーカラー
b ウオッシュコットン

残りの10目に糸を
2回通してしぼり止め

メリヤス編み
5号針
6号針

14.5c
15.5c (43段)

1段平
2 - 1 - 10 - 8
26- 1 - 10 - 1
段 目 ヶ 回

分散減目

44c (100目)
46c

2目ゴム編み 3号針 4号針

輪編み

2c (8段)

100目輪に作る

---

□ = I 表目　　　━━ = A 耳つけ位置

－ = 裏目　　　◉ = E リボン (a ピンク、b 青) つけ位置

人 = 左上2目一度　　○ = E リボン (生成り) つけ位置

## A・E 帽子の編み方

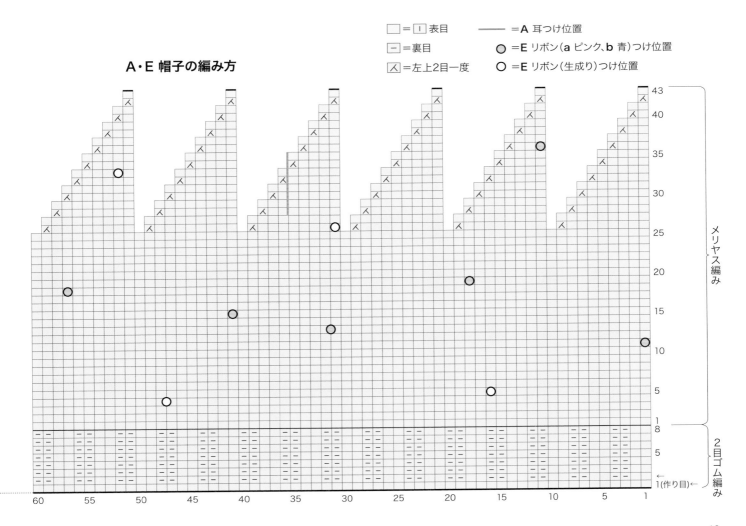

メリヤス編み

2目ゴム編み

1(作り目)←

60　　55　　50　　45　　40　　35　　30　　25　　20　　15　　10　　5　　1

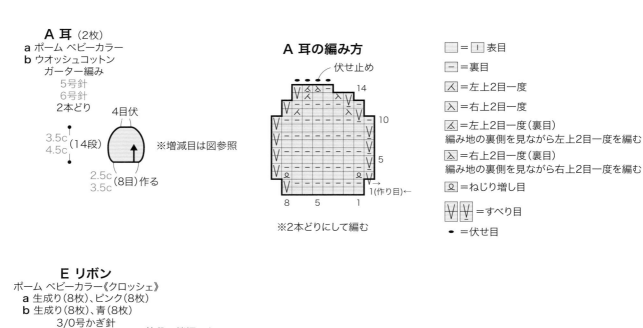

## A 耳 （2枚）
a ポーム ベビーカラー
b ウオッシュコットン
　ガーター編み
　5号針
　6号針
　2本どり

4目伏

3.5c （14段）
4.5c

※増減目は図参照

2.5c （8目）作る
3.5c

## A 耳の編み方

伏せ止め

14

10

5

1(作り目)←

8　　5　　1

※2本どりにして編む

□ = ① 表目
－ = 裏目
⋏ = 左上2目一度
⋋ = 右上2目一度
⋏ = 左上2目一度（裏目）
編み地の裏側を見ながら左上2目一度を編む
⋋ = 右上2目一度（裏目）
編み地の裏側を見ながら右上2目一度を編む
ℚ = ねじり増し目
V V = すべり目
• = 伏せ目

## E リボン
ポーム ベビーカラー《クロッシェ》
a 生成り（8枚）、ピンク（8枚）
b 生成り（8枚）、青（8枚）
3/0号かぎ針

前段の鎖編みを
割って拾う

前段の長編みの頭目の
向こう側半目を拾う

1.5c

編み始め

編み終わり
糸端を20cm残す

2.5c

◯ = 鎖編み
× = 細編み
= 長編み4目編み入れる
• = 引き抜き編み

編み終わりの糸端を20cmほど
残して切り、中央に糸を3、4回
巻いてしぼり、リボンを形作る

## 仕上げ方

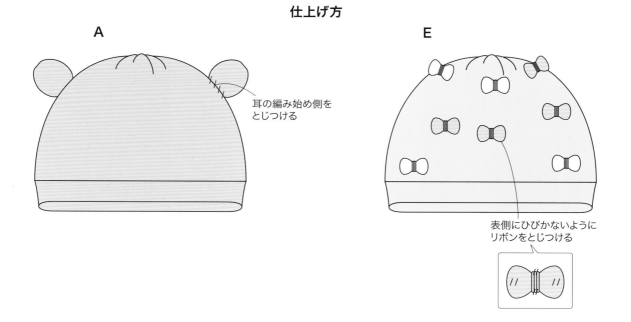

A

耳の編み始め側を
とじつける

E

表側にひびかないように
リボンをとじつける

# C カンカン帽 ▶Photo：P.8

a

b

糸 ○ハマナカ エコアンダリヤ
　[a] ベージュ（23）80g
　[b] ブラウン（159）80g
○ハマナカ ウオッシュコットン《クロッシェ》
　[a] グリーン（108）20g、ホワイト（101）15g

材料 [a] ボタン（直径1.2cm）1個
　　 [b] グログランリボン（幅3cm・アイボリー）95cm

用具 ○ハマナカ アミアミ両かぎ針ラクラク
　　 6/0号、3/0号 [a]

○ゲージ（10cm四方）　細編み　18目　20段
○できあがり寸法　頭回り50cm

## ☞ 編み方

1　糸端を輪にする作り目で編み始め、細編みでトップクラウン・サイドクラウンを輪に編みます。
2　続けて、細編みと模様編みでブリムを輪に編みます。
3　糸端を輪にする作り目で編み始め、花モチーフを編みます（a）。
4　鎖編みの作り目で編み始め、花モチーフの土台を編みます（a）。
5　花モチーフの土台に花モチーフ・ボタンをつけます（a）。
6　グログランリボンを縫いとめます（b）。
7　帽子に飾りをつけます。

## 帽子
6/0号かぎ針

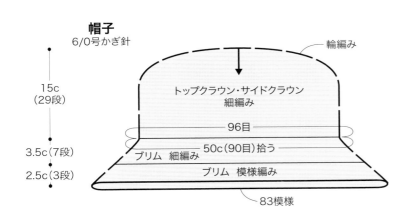

15c
（29段）

3.5c（7段）

2.5c（3段）

輪編み

トップクラウン・サイドクラウン
細編み

96目

50c（90目）拾う

ブリム　細編み

ブリム　模様編み

83模様

## 仕上げ方

a　　　　　　　　　　b

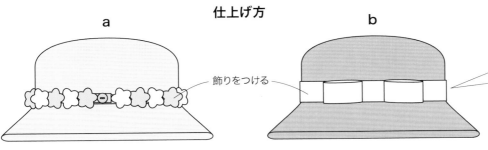

飾りをつける

リボンを3つにカットする
A=55c　B=29c　C=8.5c

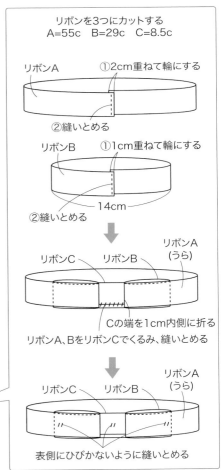

リボンA
①2cm重ねて輪にする
②縫いとめる

リボンB
①1cm重ねて輪にする
14cm
②縫いとめる

リボンC　リボンB　リボンA（うら）
Cの端を1cm内側に折る
リボンA、BをリボンCでくるみ、縫いとめる

リボンC　リボンB　リボンA（うら）
表側にひびかないように縫いとめる

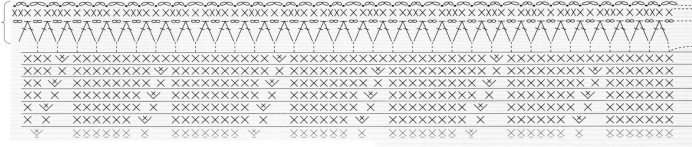

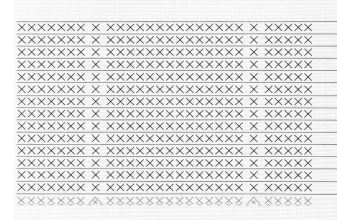

### ブリムの増目

| 段 | 目数 | 増目 | |
|---|---|---|---|
| 3 | 83模様 | ※図参照 | 縁編み |
| 2 | 165 | | |
| 1 | 66模様 | | |
| 7 | 132 | 毎段6目増 | 細編み |
| 6 | 126 | | |
| 5 | 120 | | |
| 4 | 114 | | |
| 3 | 108 | | |
| 2 | 102 | | |
| 1 | 96 | サイドクラウンから96目拾う（6目増） | |

### サイドクラウンの減目

| 段 | 目数 | 減目 |
|---|---|---|
| 15〜2 | 90 | 増減なし |
| 1 | 90 | トップクラウンから90目拾う（6目減） |

**a 花モチーフの土台**
グリーン
3/0号かぎ針

ボタンつけ位置　　　ボタンホール
編み始め（鎖152目）
53.5c
1←

**a 花モチーフ**
ホワイト（12枚）
グリーン（12枚）
3/0号かぎ針
3.5c

わ

- ⬭ ＝鎖編み
- ✕ ＝細編み
- ⋎ ＝細編み2目編み入れる
- ⋉ ＝細編みのすじ編み（前段の頭目の向こう側半目を拾う）
- ⋏ ＝細編みのすじ編み2目一度（前段の頭目の向こう側半目を拾う）
- ✕ ＝前段の頭目の手前側半目を拾って細編み
- ⋎ ＝前段の頭目の手前側半目を拾って細編み2目編み入れる
- ｜ ＝長編み
- ⋏ ＝長編み2目一度
- ｜ ＝三つ巻き長編み
- ● ＝引き抜き編み

バランスをみながら花モチーフの中心を5、6目ごとに交互に縫いつける

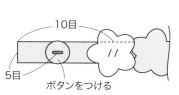

10目
5目
ボタンをつける
5目
0

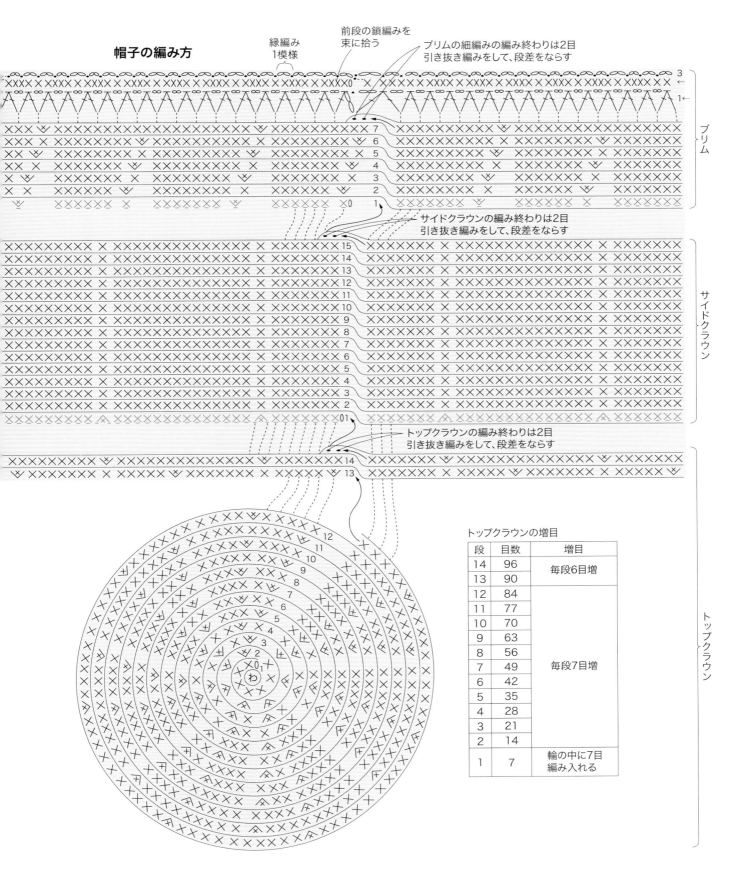

**帽子の編み方**

縁編み1模様

前段の鎖編みを束に拾う

ブリムの細編みの編み終わりは2目引き抜き編みをして、段差をならす

ブリム

サイドクラウンの編み終わりは2目引き抜き編みをして、段差をならす

サイドクラウン

トップクラウンの編み終わりは2目引き抜き編みをして、段差をならす

トップクラウン

**トップクラウンの増目**

| 段 | 目数 | 増目 |
|---|---|---|
| 14 | 96 | 毎段6目増 |
| 13 | 90 | |
| 12 | 84 | 毎段7目増 |
| 11 | 77 | |
| 10 | 70 | |
| 9 | 63 | |
| 8 | 56 | |
| 7 | 49 | |
| 6 | 42 | |
| 5 | 35 | |
| 4 | 28 | |
| 3 | 21 | |
| 2 | 14 | |
| 1 | 7 | 輪の中に7目編み入れる |

# どんぐり帽子　▶Photo：P.10

a

b

糸 ○ハマナカ ウオッシュコットン
　[a] からし（27）25g、生成り（2）25g
　[b] グリーン（30）25g、白（1）25g

用具 ○ハマナカ アミアミ手あみ針4本針
　　4号、5号

○ゲージ（10cm四方）
　メリヤス編み　24目　30.5段
○できあがり寸法　頭回り 45cm

### ◆ 編み方
一般的な作り目で編み始め、1目ゴム編み・メリヤス編み・編み込み模様（横に糸を渡す方法）で帽子を輪に編み、編み終わりの目に糸を2回通してしぼり止めします。

## 配色表

|  | a | b |
|---|---|---|
| A色 | からし | グリーン |
| B色 | 生成り | 白 |

## 帽子の編み方

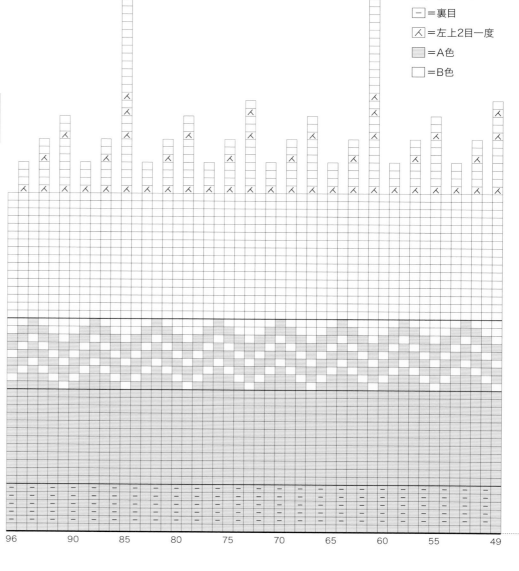

□ = I 表目
− = 裏目
人 = 左上2目一度
▨ = A色
□ = B色

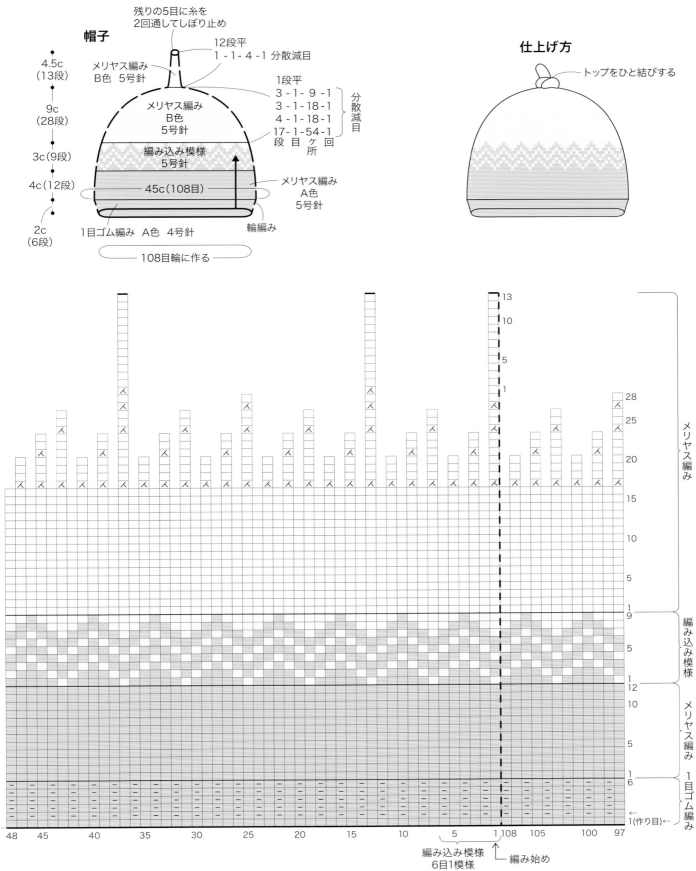

**帽子**

4.5c
(13段)

9c
(28段)

3c(9段)

4c(12段)

2c
(6段)

残りの5目に糸を
2回通してしぼり止め

12段平
1-1-4-1 分散減目

メリヤス編み
B色 5号針

メリヤス編み
B色
5号針

1段平
3-1- 9 -1
3-1-18-1
4-1-18-1
17-1-54-1
段目ケ回
所

分散減目

編み込み模様
5号針

メリヤス編み
A色
5号針

45c(108目)

1目ゴム編み A色 4号針

輪編み

108目輪に作る

**仕上げ方**

トップをひと結びする

13
10
5
1

28
25
20

15
10
5
1

9
5
1

12
10
5
1
6
1(作り目)

メリヤス編み

編み込み模様

メリヤス編み

1目ゴム編み

48  45  40  35  30  25  20  15  10  5  1 108 105 100 97

編み込み模様
6目1模様

編み始め

49

# F モチーフつなぎのハット  ▶ Photo：P.13

**糸** ○ハマナカ ウオッシュコットン《クロッシェ》
ライトベージュ（102）50g、ラベンダー（123）20g、
ホワイト（101）15g

**用具** ○ハマナカ アミアミ両かぎ針ラクラク　6/0号

○ゲージ（10cm四方）　細編み　21.5目　21段
○できあがり寸法　頭回り 48cm

**☁ 編み方**

※ブリムの4段め以外は2本どりで編みます。

1 糸端を輪にする作り目で編み始め、細編み
でトップクラウンを輪に編みます。

2 糸端を輪にする作り目で編み始め、モチー
フを編み、2枚めからは最終段で編みつな
ぎ輪にします。

3 モチーフから目を拾い、模様編みでブリム
を輪に編みます。

4 モチーフから目を拾い、細編み1段を輪に
編み、トップクラウンと巻きかがりとじします。

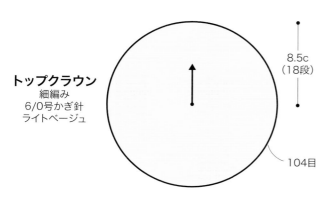

**トップクラウン**
細編み
6/0号かぎ針
ライトベージュ

8.5c
（18段）

104目

## トップクラウンの編み方

18
15
←
10←

### トップクラウンの増目

| 段 | 目数 | 増目 |
|---|---|---|
| 18〜16 | 104 | 増減なし |
| 15 | 104 | 8目増 |
| 14 | 96 | 増減なし |
| 13 | 96 | 毎段8目増 |
| 12 | 88 | |
| 11 | 80 | |
| 10 | 72 | 増減なし |
| 9 | 72 | 毎段8目増 |
| 8 | 64 | |
| 7 | 56 | |
| 6 | 48 | |
| 5 | 40 | |
| 4 | 32 | |
| 3 | 24 | |
| 2 | 16 | |
| 1 | 8 | 輪の中に8目編み入れる |

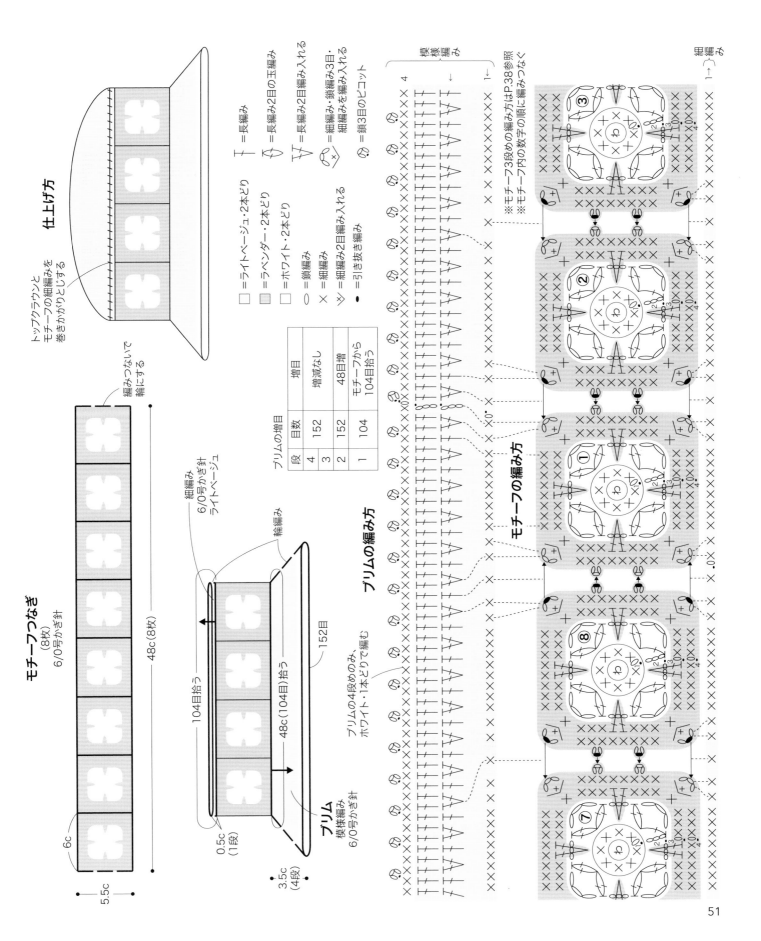

## 仕上げ方

トップクラウンと
モチーフの細編みを
巻きかがりとじをする

## モチーフつなぎ
(8枚)
6/0号かぎ針

編みつないで
輪にする

5.5c
6c
48c(8枚)

## ブリム
模様編み
6/0号かぎ針

細編み
6/0号かぎ針
ライトベージュ

輪編み

104目拾う

48c(104目)拾う
152目

ブリムの4段めのみ、
ホワイト・1本どりで編む

0.5c(1段)
3.5c(4段)

### ブリムの増目

| 段 | 目数 | 増目 |
|---|---|---|
| 4 | 152 | 増減なし |
| 3 | 152 | |
| 2 | 152 | 48目増 |
| 1 | 104 | モチーフから104目拾う |

□ =ライトベージュ・2本どり
□ =ラベンダー・2本どり
□ =ホワイト・2本どり

○ =鎖編み
× =細編み
⋎ =細編み2目編み入れる
● =引き抜き編み

┬ =長編み
↑ =長編み2目の玉編み
⋔ =長編み2目編み入れる
⋎ =細編み・鎖編み・細編みを編み入れる
⊘ =細編み・鎖編み3目・細編みを編み入れる
⦶ =鎖3目のピコット

模様編み
1← ↓ 4

### ブリムの編み方

### モチーフの編み方

※モチーフ3段めの編み方はP38参照
※モチーフ内の数字の順に編みつなぐ

細編み
1→

③ ② ① ⑧ ⑦

# G あごリボンのクロッシェ ▶ Photo：P.14

| 糸 | ○ハマナカ エコアンダリヤ<br>ピンク（46）80g |
| --- | --- |
| その他<br>の材料 | ○トーションレース<br>（幅2.5cm・アイボリー）120cm |
| 用具 | ○ハマナカ アミアミ両かぎ針ラクラク　6/0号 |

○ゲージ（10cm四方）　細編み　18目　20段
○できあがり寸法　頭回り 50cm

### ❤ 編み方

1 糸端を輪にする作り目で編み始め、細編みでクラウンを輪に編みます。

2 続けて、模様編みでブリムを輪に編みます。

3 ブリムの指定の位置にトーションレースを通します。

**帽子**
6/0号かぎ針

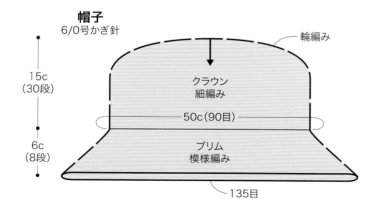

- 輪編み
- 15c（30段）
- 6c（8段）
- クラウン 細編み
- 50c（90目）
- ブリム 模様編み
- 135目

**仕上げ方**

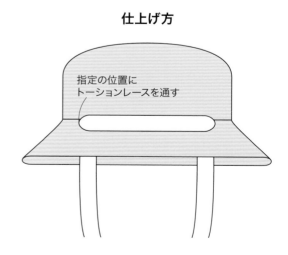

指定の位置に
トーションレースを通す

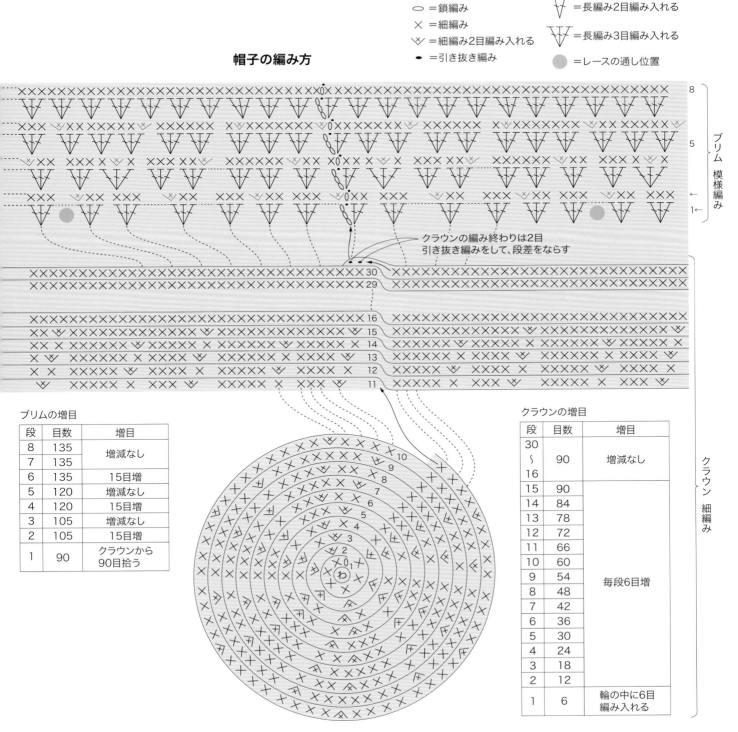

**凡例（編み記号）**

|  |  |
|---|---|
| ◯ =鎖編み | |
| × =細編み | |
| ⋎ =細編み2目編み入れる | |
| • =引き抜き編み | |

|  |  |
|---|---|
| =長編み2目編み入れる | |
| =長編み3目編み入れる | |
| ● =レースの通し位置 | |

## 帽子の編み方

クラウンの編み終わりは2目
引き抜き編みをして、段差をならす

ブリム　模様編み

クラウン　細編み

**ブリムの増目**

| 段 | 目数 | 増目 |
|---|---|---|
| 8 | 135 | 増減なし |
| 7 | 135 | 増減なし |
| 6 | 135 | 15目増 |
| 5 | 120 | 増減なし |
| 4 | 120 | 15目増 |
| 3 | 105 | 増減なし |
| 2 | 105 | 15目増 |
| 1 | 90 | クラウンから90目拾う |

**クラウンの増目**

| 段 | 目数 | 増目 |
|---|---|---|
| 30〜16 | 90 | 増減なし |
| 15 | 90 | |
| 14 | 84 | |
| 13 | 78 | |
| 12 | 72 | |
| 11 | 66 | |
| 10 | 60 | |
| 9 | 54 | 毎段6目増 |
| 8 | 48 | |
| 7 | 42 | |
| 6 | 36 | |
| 5 | 30 | |
| 4 | 24 | |
| 3 | 18 | |
| 2 | 12 | |
| 1 | 6 | 輪の中に6目編み入れる |

# H サファリハット ▶ Photo : P.15

<table>
<tr><td>糸</td><td>○ハマナカ エコアンダリヤ<br>水色 (66) 60g、オレンジ (98) 15g、<br>生成り (168) 15g、ブラウン (159) 15g</td></tr>
<tr><td>その他<br>の材料</td><td>○ハマナカ テクノロート (H204-593) 約80㎝<br>○ハマナカ 熱収縮チューブ (H204-605) 5㎝<br>○カラーひも 細 (グレー) 60㎝<br>○コードストッパー (水色) 1個</td></tr>
<tr><td>用具</td><td>○ハマナカ アミアミ両かぎ針ラクラク 6/0号</td></tr>
</table>

○ゲージ (10㎝四方) 模様編み 23目 16段
○できあがり寸法 頭回り 52㎝

### ❤ 編み方

1 糸端を輪にする作り目で編み始め、細編みのすじ編みでトップクラウンを輪に編みます。

2 続けて、模様編みでサイドクラウン、細編みのすじ編みでブリムを輪に編み、最終段でテクノロートを編みくるみます。

3 スレッドコードでサイズ調整ひもを編み、サイドクラウンの指定の位置に通します。

4 サイドクラウンの内側にカラーひもをつけて、コードストッパーを通します。

## 帽子
6/0号かぎ針

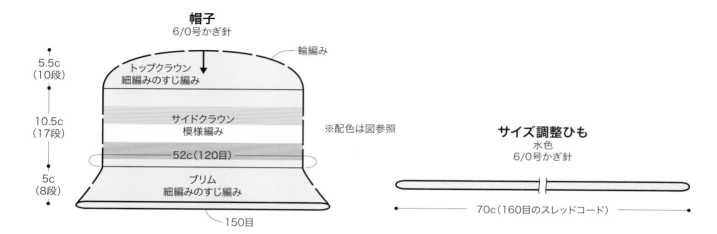

- 5.5c (10段)　輪編み
- トップクラウン 細編みのすじ編み
- 10.5c (17段)　サイドクラウン 模様編み　※配色は図参照
- 52c (120目)
- 5c (8段)　ブリム 細編みのすじ編み
- 150目

## サイズ調整ひも
水色
6/0号かぎ針

70c (160目のスレッドコード)

## 仕上げ方

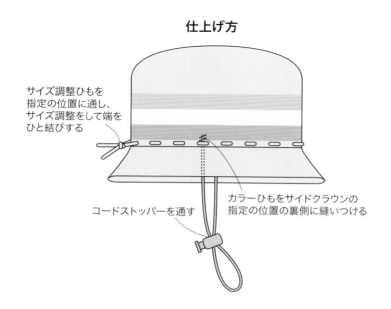

サイズ調整ひもを指定の位置に通し、サイズ調整をして端をひと結びする

コードストッパーを通す

カラーひもをサイドクラウンの指定の位置の裏側に縫いつける

### ブリムの増目

| 段 | 目数 | 増目 |
|---|---|---|
| 8 〜 3 | 150 | 増減なし |
| 2 | 150 | 30目増 |
| 1 | 120 | サイドクラウンから120目拾う |

### サイドクラウンの増目

| 段 | 目数 | 増目 |
|---|---|---|
| 17 〜 5 | 120 | 増減なし |
| 4 | 120 | 8目増 |
| 3 | 112 | 増減なし |
| 2 | 112 | 16目増 |
| 1 | 96 | トップクラウンから96目拾う (16目増) |

# 帽子の編み方

ブリム

サイズクラウン

8 5 1

17 15 10 5 1

テクノロートを編みくるむ（P.36参照）

サイズ調整ひも通し位置

この増し目をくり返す

この増し目をくり返す

1つ前の細編みの
すじ編みと同じ目に
編み入れる

トップクラウン

| トップクラウンの増目 | | |
|---|---|---|
| 段 | 目数 | 増目 |
| 10 | 80 | |
| 9 | 72 | |
| 8 | 64 | 毎段8目増 |
| 7 | 56 | |
| 6 | 48 | |
| 5 | 40 | |
| 4 | 32 | |
| 3 | 24 | |
| 2 | 16 | |
| 1 | 8 | 輪の中に8目編み入れる |

□ =水色
□ =オレンジ
□ =生成り
□ =ブラウン
— =テクノロート
○ =鎖編み
× =細編み
× =細編みのすじ編み
× =細編みのすじ編みを2目編み入れる（前段の頭目の向こう側半目を拾う）
⊼ =細編みのすじ編み2目一度（前段の頭目の向こう側半目を拾う）
⋏ =細編み2目一度（前段の鎖編みを束に拾う）
人 =中長編み2目一度（前段の鎖編みを束に拾う）
● =引き抜き編み
● =カラーひもつけ位置

## ワークキャップ　▶Photo：P.16

a

b

糸 ○ハマナカ コトーネツィード
　　　[a] グレー（3）85g
　　　[b] ブルー（8）85g

その他
の材料 ○ボタン（直径1.5cm）2個

用具 ○ハマナカ アミアミ両かぎ針ラクラク　7/0号

○ゲージ（10cm四方）
　細編み　　14.5目　15.5段
　模様編み　14.5目　9.5段
○できあがり寸法　頭回り 50cm

◆編み方
※2本どりにして編みます。

1　糸端を輪にする作り目で編み始め、細編みでトップクラウンを輪に編みます。

2　続けて、模様編みでサイドクラウンを輪に編みます。

3　サイドクラウンから目を拾い、細編みでブリムを編みます。

4　サイドクラウン・ブリムから目を拾い、縁編みを編みます。

5　鎖編みの作り目で編み始め、細編みでサイズ調整ベルトを編みます。

6　サイドクラウンにボタンを縫いつけ、サイズ調整ベルトをつけます。

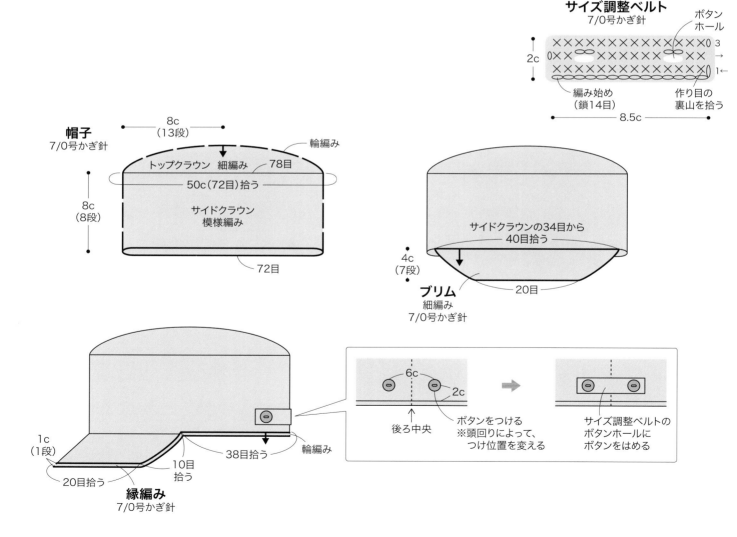

**サイズ調整ベルト**
7/0号かぎ針
ボタンホール
2c
編み始め（鎖14目）
作り目の裏山を拾う
8.5c

**帽子**
7/0号かぎ針
8c（13段）
輪編み
トップクラウン　細編み　78目
50c（72目）拾う
サイドクラウン
模様編み
8c（8段）
72目

サイドクラウンの34目から
40目拾う
4c（7段）
ブリム
細編み
7/0号かぎ針
20目

1c（1段）
20目拾う
10目拾う
38目拾う
輪編み
縁編み
7/0号かぎ針

6c
2c
後ろ中央
ボタンをつける
※頭回りによって、つけ位置を変える

サイズ調整ベルトのボタンホールにボタンをはめる

56

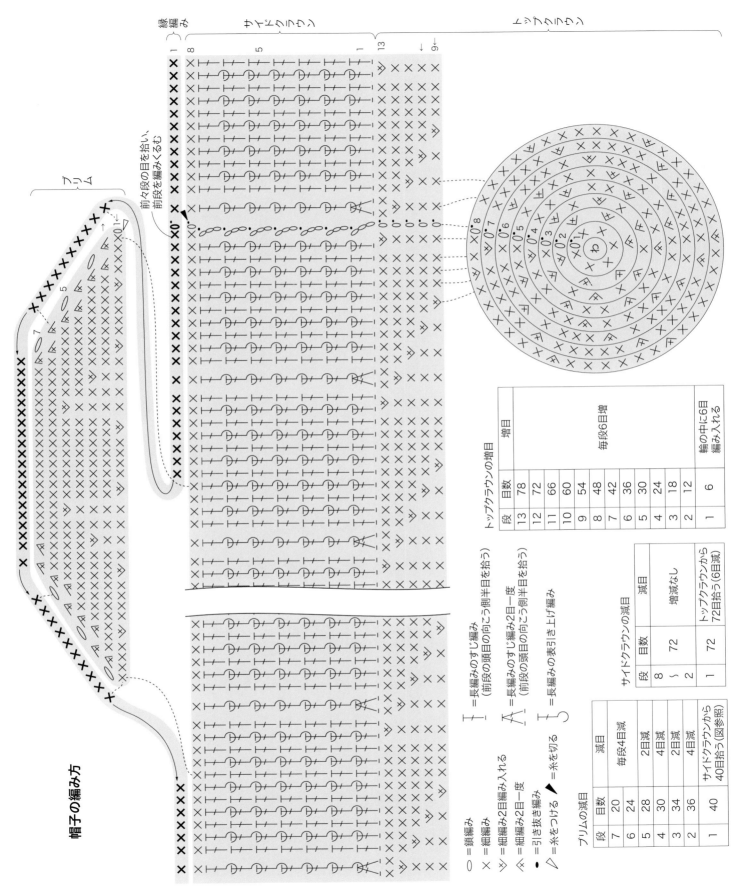

## 帽子の編み方

**記号の説明:**

○ =鎖編み
× =細編み
⚡ =細編み2目編み入れる
⚠ =細編み2目一度
● =引き抜き編み
▲ =糸をつける　◣ =糸を切る
◊ =長編みの表引き上げ編み

⊥ =長編みのすじ編み
（前段の頭目の向こう側半目を拾う）

⋀ =長編み2目一度
（前段の頭目の向こう側半目を拾う）

**トップクラウンの増目**

| 段 | 目数 | 増目 |
|---|---|---|
| 13 | 78 | 毎段6目増 |
| 12 | 72 | |
| 11 | 66 | |
| 10 | 60 | |
| 9 | 54 | |
| 8 | 48 | |
| 7 | 42 | |
| 6 | 36 | |
| 5 | 30 | |
| 4 | 24 | |
| 3 | 18 | |
| 2 | 12 | |
| 1 | 6 | 輪の中に6目編み入れる |

**サイドクラウンの減目**

| 段 | 目数 | 減目 |
|---|---|---|
| 8 | 72 | 増減なし |
| ～ | | |
| 2 | | |
| 1 | 72 | トップクラウンから72目拾う（6目減） |

**ブリムの減目**

| 段 | 目数 | 減目 |
|---|---|---|
| 7 | 20 | 毎段4目減 |
| 6 | 24 | |
| 5 | 28 | 2目減 |
| 4 | 30 | 4目減 |
| 3 | 34 | 2目減 |
| 2 | 36 | 4目減 |
| 1 | 40 | サイドクラウンから40目拾う（図参照） |

縁編み

サイドクラウン

トップクラウン

ブリム

前々段の目を拾い、前段を編みくるむ

# J しましまキャップ ▶ Photo : P.19

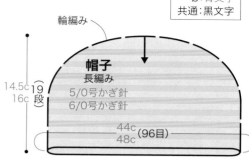

糸 [a] ハマナカ わんぱくデニス
生成り (2) 25g、インクブルー (63) 10g、黄色 (28) 10g
[b] ハマナカ アメリー
グレー (22) 25g、セラドン (37) 10g、
パープルヘイズ (35) 10g
用具 ○ハマナカ アミアミ両かぎ針ラクラク
[a] 5/0号 [b] 6/0号

○ゲージ (10cm四方)
長編み [a] 22目 13段 [b] 20目 12段
○できあがり寸法 頭回り [a] 44cm [b] 48cm

🧶 編み方
糸端を輪にする作り目で編み始め、長編みで帽子を輪に編みます。

## 配色表

| | a | b |
|---|---|---|
| A色 | 生成り | グレー |
| B色 | 黄色 | パープルヘイズ |
| C色 | インクブルー | セラドン |

## 帽子の編み方

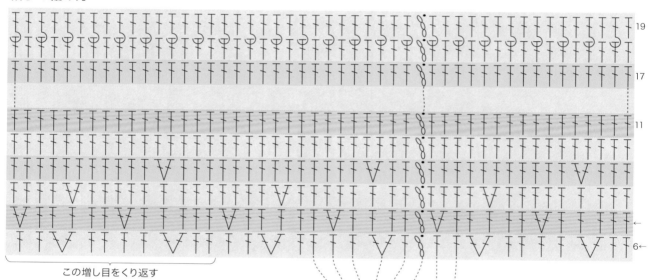

この増し目をくり返す

## 帽子の増目

| 段 | 目数 | 増目 |
|---|---|---|
| 19 ～ 10 | 96 | 増減なし |
| 9 | 96 | 毎段6目増 |
| 8 | 90 | |
| 7 | 84 | 毎段12目増 |
| 6 | 72 | |
| 5 | 60 | |
| 4 | 48 | |
| 3 | 36 | |
| 2 | 24 | |
| 1 | 12 | 輪の中に12目編み入れる |

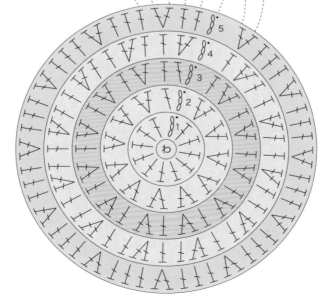

□=A色
▨=B色
▨=C色
◯=鎖編み
╪=長編み
Ⅴ=長編み2目編み入れる
ᵟ=長編みの表引き上げ編み
•=引き抜き編み

# L しっぽつき帽子 ▶ Photo：P.21

| 糸 | ○ハマナカ メリノウールファー |
| --- | --- |
| | ベージュ (2) 50g、白 (1) 5g |
| 用具 | ○ハマナカ アミアミ両かぎ針ラクラク　8/0号 |

○ゲージ（10cm四方）　細編み　14目　11.5段
○できあがり寸法　頭回り 50cm

### 🧶 編み方

1　鎖編みを1目編み、これを中心の輪として
　編み始め、細編みで帽子を輪に編みます。
2　鎖編みの作り目で輪を作り編み始め、細編
　みでしっぽを編みます。
3　帽子にしっぽをつけます。

## 帽子
8/0号かぎ針
※裏を表側にする

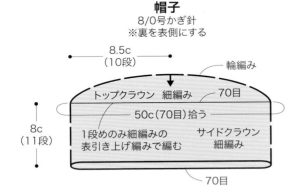

## しっぽ
細編み
8/0号かぎ針
※配色は図参照

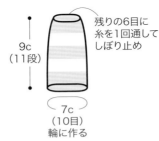

残りの6目に
糸を1回通して
しぼり止め

9c
（11段）

7c
（10目）
輪に作る

## 仕上げ方

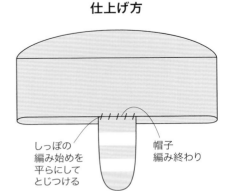

しっぽの
編み始めを
平らにして
とじつける

帽子
編み終わり

## 帽子の編み方

□ =ベージュ
□ =白
○ =鎖編み
× =細編み
∨ =細編み2目編み入れる
∧ =細編み2目一度
× =細編みの表引き上げ編み
• =引き抜き編み

サイドクラウン

トップクラウン

鎖編み1目を
中心の輪として
編み始める

## しっぽの編み方

編み始め（鎖10目）

### トップクラウンの増目

| 段 | 目数 | 増目 |
| --- | --- | --- |
| 10 | 70 | |
| 9 | 63 | |
| 8 | 56 | |
| 7 | 49 | |
| 6 | 42 | 毎段7目増 |
| 5 | 35 | |
| 4 | 28 | |
| 3 | 21 | |
| 2 | 14 | |
| 1 | 7 | 鎖編み1目の輪の中に7目編み入れる |

59

糸 　○ハマナカ わんぱくデニス
　　　グレージュ（58）40g、淡ピンク（56）10g、
　　　濃ピンク（9）5g
用具 ○ハマナカ アミアミ手あみ針4本針　6号

○ゲージ（10cm四方）　模様編み　22目　30段
○できあがり寸法　頭回り 46cm

🧶 編み方
1　一般的な作り目で編み始め、2目ゴム編み・
　模様編みで帽子を輪に編み、編み終わりの
　目に糸を2回通してしぼり止めします。
2　ボンボンを作り、トップにつけます。
3　三つ編みを作り、かぶり口につけます。

## 仕上げ方

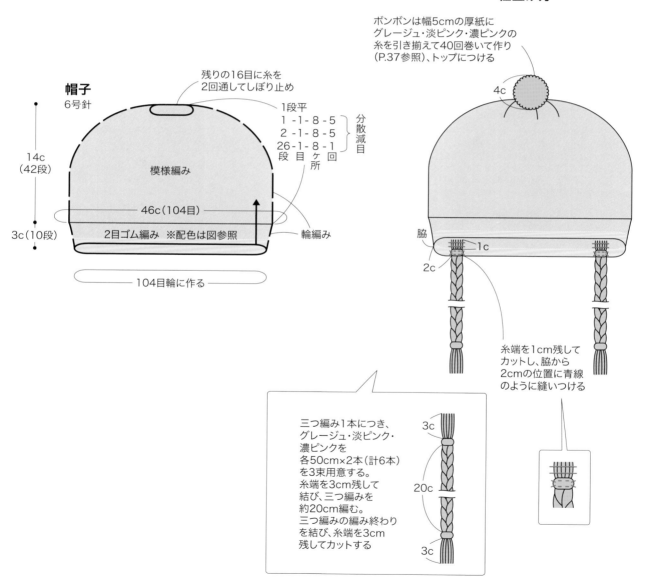

ボンボンは幅5cmの厚紙に
グレージュ・淡ピンク・濃ピンクの
糸を引き揃えて40回巻いて作り
（P.37参照）、トップにつける

**帽子**
6号針

残りの16目に糸を
2回通してしぼり止め

1段平
1 - 1 - 8 - 5
2 - 1 - 8 - 5
26 - 1 - 8 - 1
段 目 ケ 回
　 数 所

分散減目

14c
（42段）

模様編み

46c（104目）

3c（10段）

2目ゴム編み ※配色は図参照

輪編み

104目輪に作る

三つ編み1本につき、
グレージュ・淡ピンク・
濃ピンクを
各50cm×2本（計6本）
を3束用意する。
糸端を3cm残して
結び、三つ編みを
約20cm編む。
三つ編みの編み終わり
を結び、糸端を3cm
残してカットする

3c

20c

3c

脇

1c

2c

糸端を1cm残して
カットし、脇から
2cmの位置に青線
のように縫いつける

## 帽子の編み方

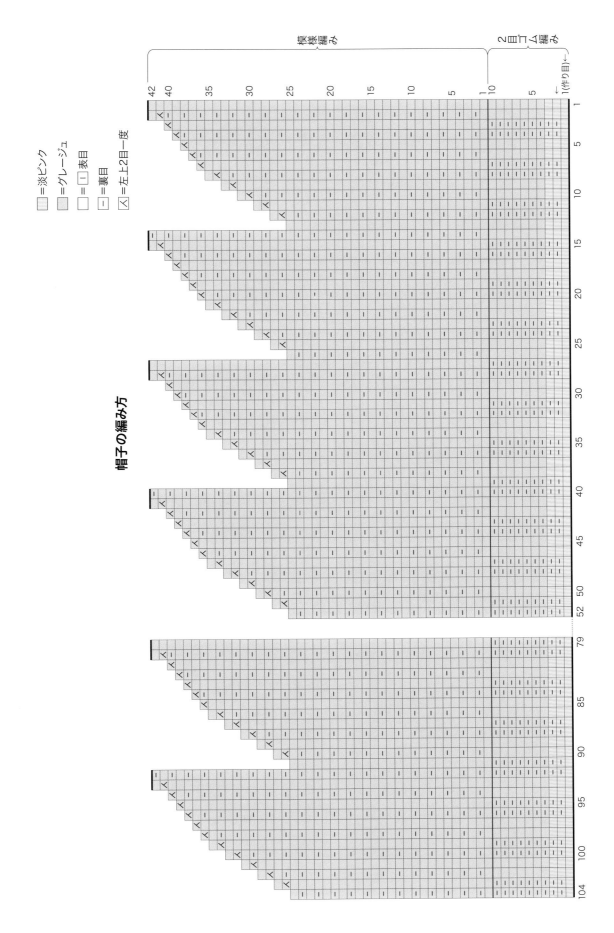

凡例:
- □ =淡ピンク
- ▨ =グレージュ
- □ =表目
- − =裏目
- ⋌ =左上2目一度

模様編み

2目ゴム編み

# M アラン模様のキャップ ▶Photo：P.22

a

b

糸　[a] ハマナカ かわいい赤ちゃん
　　　　アイボリー (2) 40g、薄茶 (25) 25g
　　[b] ハマナカ わんぱくデニス
　　　　グレー (34) 50g、黒 (17) 30g

用具　○ハマナカ アミアミ手あみ針4本針
　　　　[a] 5号　[b] 6号

○ゲージ (10cm四方)
　模様編み　[a] 28.5目　28段　[b] 27目　24段
○できあがり寸法
　頭回り [a] 44cm　[b] 46cm

### 編み方

1　一般的な作り目で編み始め、2目ゴム編み・模様編みで帽子を輪に編み、編み終わりの目に糸を2回通してしぼり止めします。
2　ボンボンを作り、指定の位置につけます。

| | | |
|---|---|---|
| =A色 | =□ 表目 | ⎘=右上2目交差 | 入=右上2目一度 |
| =a ボンボンつけ位置 | =− 裏目 | ⎗=左上2目交差 | 人=左上2目一度 |
| =b ボンボンつけ位置 | Ω=ねじり増し目 | =2目と1目の右上交差 | =左上2目一度 (裏目) |
| | Ω=ねじり目 | =2目と1目の左上交差 | =ねじり目の右上2目一度 (P.38参照) |

## 帽子の編み方

136　　130 128　　110　　　105　　　100　　95　　90　　85　　80　　75　　70　　65　　60 58

↑
脇

↑
前中央

## 帽子

a：赤文字
b：青文字
共通：黒文字

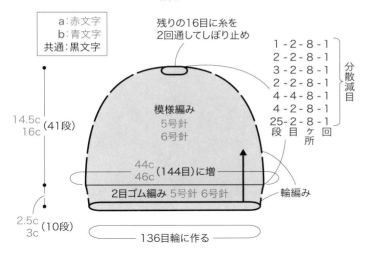

残りの16目に糸を
2回通してしぼり止め

模様編み
5号針
6号針

| 1 - 2 - 8 - 1 | |
|---|---|
| 2 - 2 - 8 - 1 | |
| 3 - 2 - 8 - 1 | 分散減目 |
| 2 - 2 - 8 - 1 | |
| 4 - 4 - 8 - 1 | |
| 4 - 2 - 8 - 1 | |
| 25 - 2 - 8 - 1 | |

段目ヶ回
所

14.5c（41段）
16c

2.5c（10段）
3c

44c（144目）に増
46c

2目ゴム編み　5号針　6号針

輪編み

136目輪に作る

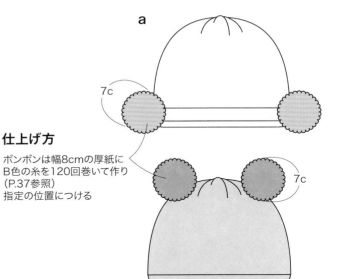

a

7c

## 仕上げ方

ボンボンは幅8cmの厚紙に
B色の糸を120回巻いて作り
（P.37参照）
指定の位置につける

7c

b

## 配色表

| | a | b |
|---|---|---|
| A色 | アイボリー | グレー |
| B色 | 薄茶 | 黒 |

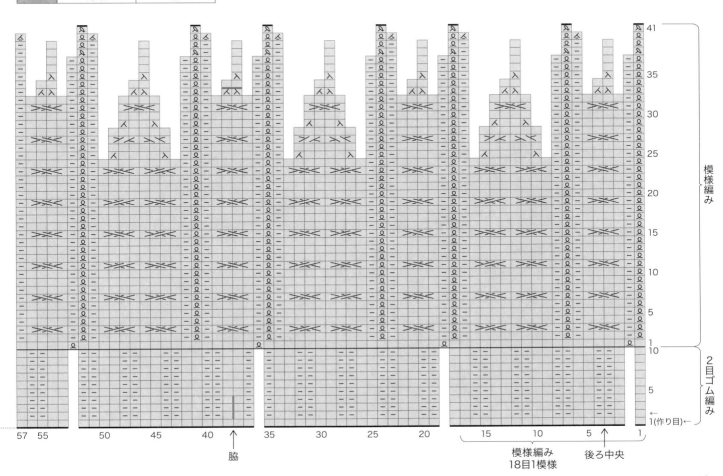

41

35

30

25

20

模様編み

15

10

5

1

2目ゴム編み

5

1（作り目）←

57 55　50　45　40　35　30　25　20　15　10　5　1

脇

模様編み
18目1模様

後ろ中央

**a**

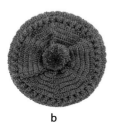

**b**

糸　[a] ハマナカ かわいい赤ちゃん
　　　　赤（30）65g
　　　[b] ハマナカ わんぱくデニス
　　　　インクブルー（63）80g

用具　○ハマナカ アミアミ両かぎ針ラクラク
　　　　[a] 5/0号　　[b] 6/0号

○ゲージ（10cm四方）
模様編み　[a] 19目　10段　　[b] 18目　9段
長編み　　[a] 19目　8段　　[b] 18目　7.5段

○できあがり寸法
頭回り [a] 47cm　[b] 50cm

**● 編み方**

1　鎖編みの作り目で編み始め、模様編み・長編み
　で帽子を輪に編み、編み終わりの目に糸を2回
　通してしぼり止めします。

2　作り目から目を拾い、細編みでかぶり口を輪に
　編みます。

3　ボンボンを作り、トップにつけます。

---

| a：赤文字 |
| --- |
| b：青文字 |
| 共通：黒文字 |

**帽子**

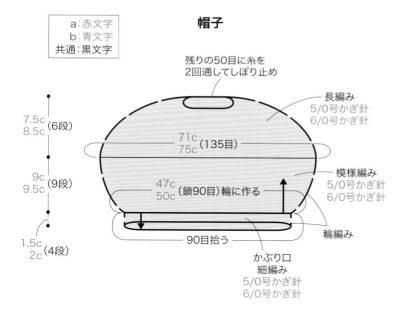

残りの50目に糸を
2回通してしぼり止め

長編み
5/0号かぎ針
6/0号かぎ針

71c
75c（135目）

模様編み
5/0号かぎ針
6/0号かぎ針

47c
50c（鎖90目）輪に作る

輪編み

90目拾う

かぶり口
細編み
5/0号かぎ針
6/0号かぎ針

7.5c（6段）
8.5c

9c（9段）
9.5c

1.5c（4段）
2c

**仕上げ方**

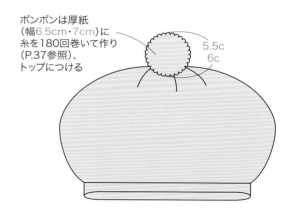

ボンボンは厚紙
（幅6.5cm・7cm）に
糸を180回巻いて作り
（P.37参照）、
トップにつける

5.5c
6c

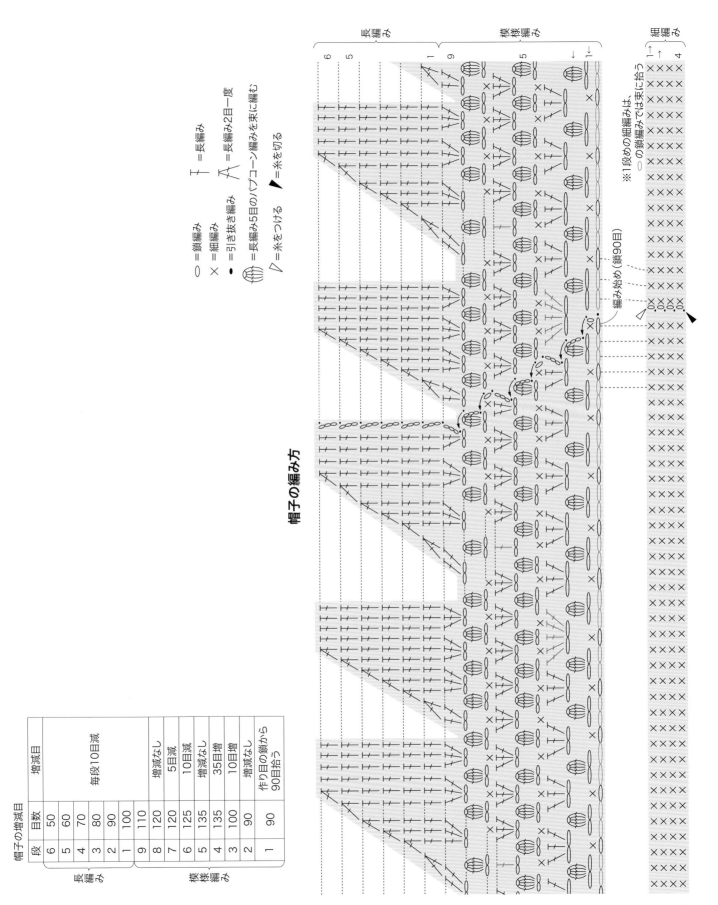

# 帽子の編み方

**凡例**

○＝鎖編み　　T＝長編み

×＝細編み

●＝引き抜き編み　人＝長編み2目一度

（記号）＝長編み5目のパフコーン編みを束に編む

V＝糸をつける　▼＝糸を切る

長編み　模様編み　細編み

編み始め（鎖90目）

※1段めの細編みは、
○の鎖編みでは束に拾う

**帽子の増減目**

| | 段 | 目数 | 増減目 |
|---|---|---|---|
| 長編み | 6 | 50 | 毎段10目減 |
| | 5 | 60 | |
| | 4 | 70 | |
| | 3 | 80 | |
| | 2 | 90 | |
| | 1 | 100 | |
| 模様編み | 9 | 110 | 増減なし |
| | 8 | 120 | 5目減 |
| | 7 | 120 | 10目減 |
| | 6 | 125 | 増減なし |
| | 5 | 135 | 35目増 |
| | 4 | 135 | 10目増 |
| | 3 | 100 | 増減なし |
| | 2 | 90 | |
| | 1 | 90 | 作り目の鎖から90目拾う |

# O 縁ロールのキャップ ▶ Photo : P.26

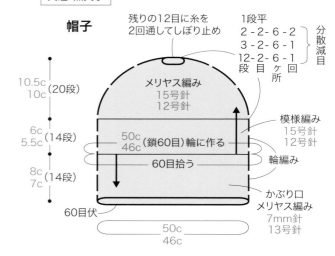

**a**

**b**

糸 [a] ハマナカ ソノモノ《超極太》
　　　ベージュ（12）95g
　　[b] ハマナカ アメリー エル《極太》
　　　青（107）65g

用具 ○ハマナカ アミアミ手あみ針4本針
　　　[a] 15号、7mm
　　　[b] 12号、13号
　　○[a] ハマナカ アミアミかぎ針〈竹針〉
　　　7mm（作り目用）
　　○[b] ハマナカ アミアミ両かぎ針ラクラク
　　　10/0号（作り目用）

○ゲージ（10cm四方）
　メリヤス編み（15号・12号）[a] 12.5目　19段　[b] 13.5目　20段
　模様編み（15号・12号）[a] 12目　23段　[b] 13目　25段
○できあがり寸法　頭回り [a] 50cm　[b] 46cm

🌰 編み方

1　あとでほどく作り目で編み始め、模様編み・メリヤス編みで帽子を
　　輪に編み、編み終わりをしぼり止めします。

2　作り目をほどいて目を拾い、メリヤス編みでかぶり口を輪に編み、
　　編み終わりを伏せ止めします。

3　かぶり口を図のように仕上げます。

[a：赤文字
b：青文字
共通：黒文字]

## 帽子

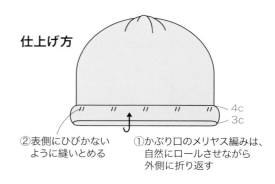

残りの12目に糸を
2回通してしぼり止め

1段平
2-2-6-2
3-2-6-1 分散減目
12-2-6-1 段目ヶ回
段目ヶ所

メリヤス編み
15号針
12号針

10.5c
10c（20段）

6c
5.5c（14段）

8c
7c（14段）

50c
46c（鎖60目）輪に作る

60目拾う

60目伏

50c
46c

模様編み
15号針
12号針

輪編み

かぶり口
メリヤス編み
7mm針
13号針

## 仕上げ方

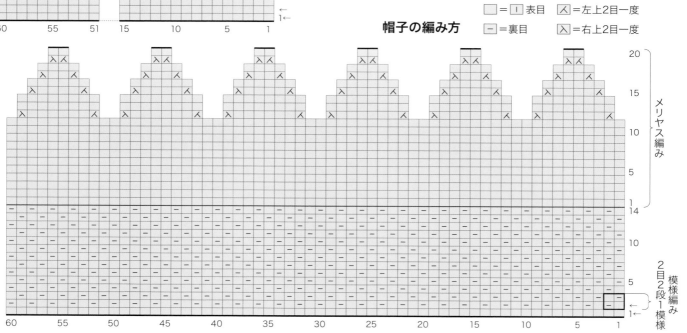

4c
3c

②表側にひびかない
ように縫いとめる

①かぶり口のメリヤス編みは、
自然にロールさせながら
外側に折り返す

## かぶり口の編み方

伏せ止め

14
12
5
1←

60　55　51　15　10　5　1

□=I 表目　　人=左上2目一度
─=裏目　　人=右上2目一度

## 帽子の編み方

20
15
10
5
1←

メリヤス編み

14
10
5
1←

模様編み
2目2段1模様

60　55　50　45　40　35　30　25　20　15　10　5　1

# Q ゴム編みのキャップ ▶Photo：P.30

a

b

糸 [a] ハマナカ わんぱくデニス
赤 (10) 40g、白 (1) 25g、
水色 (8) 15g、茶色 (61) 5g

[b] ハマナカ アメリー
ラベンダー (43) 40g、
レモンイエロー (25) 25g、
セージグリーン (54) 15g、
グレー (22) 5g

用具 ○ハマナカ アミアミ手あみ針4本針
[a] 5号 [b] 7号

○ゲージ (10cm四方)
模様編み [a] 27目 29段 [b] 25目 27段

○できあがり寸法
頭回り [a] 44.5cm [b] 48cm

**❀ 編み方**

1 一般的な作り目で編み始め、模様編みで帽子を輪に編み、編み終わりの目に糸を2回通してしぼり止めします。

2 ボンボンを作り、トップにつけます。

---

**帽子**
模様編み
5号針
7号針

| | a |
|---|---|
| | a：赤文字 |
| | b：青文字 |
| | 共通：黒文字 |

残りの20目に糸を2回通してしぼり止め

15c / 16c (43段) C色

25c / 26.5c (72段)

9c / 9.5c (26段) B色

1c (3段)

A色

2-1-20-1 / 2-1-40-1 / 68-1-40-1 段 目 ケ回 分散減目

輪編み

44.5c / 48c (120目) 輪に作る

---

**仕上げ方**

ボンボンは幅8.5cmの厚紙にD色の糸を150回巻いて作り(P.37参照)、トップにつける

7.5c

5.5c / 6c

外側に折り返す

---

## 帽子の編み方

☐ ＝A色　☐ ＝ ｜ 表目　☐ ＝ － 裏目

☐ ＝B色　☐ ＝ 入 右上2目一度

☐ ＝C色　☐ ＝ 人 右上2目一度(裏目)

**配色表**

| | a | b |
|---|---|---|
| A色 | 茶色 | グレー |
| B色 | 白 | レモンイエロー |
| C色 | 赤 | ラベンダー |
| D色 | 水色 | セージグリーン |

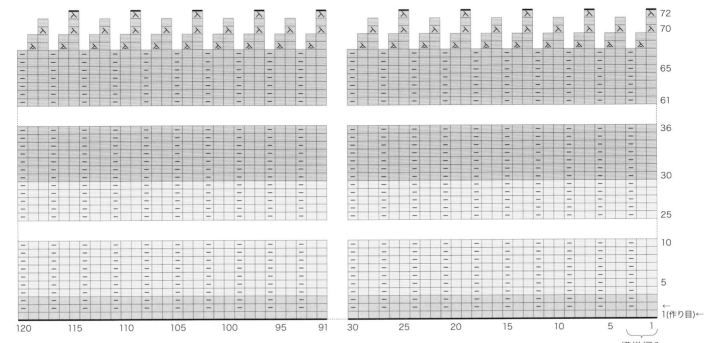

模様編み 3目1模様

# P ねこ耳のキャップ ▶ Photo : P.28

| 糸 | ○ハマナカ アメリー |
| --- | --- |
| | ナチュラルホワイト（20）55g |
| 用具 | ○ハマナカ アミアミ手あみ針4本針　5号、6号 |
| | ○ハマナカ アミアミ両かぎ針ラクラク　5/0号 |

○ゲージ（10cm四方）

メリヤス編み　20目　27段

模様編み　　　22目　27段

○できあがり寸法　頭回り 46cm

🧶 編み方

1　一般的な作り目で編み始め、2目ゴム編み・メリヤス
　編み・模様編みで帽子を輪に編み、編み終わりをか
　ぶせ引き抜きはぎします。

2　鎖編みの作り目で編み始め、ひもを引き抜き編みコー
　ドで編み、帽子につけます。

3　ボンボンを作り、ひもの端につけます。

## 仕上げ方

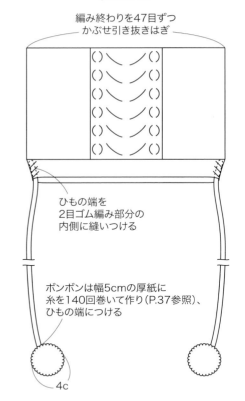

編み終わりを47目ずつ
かぶせ引き抜きはぎ

ひもの端を
2目ゴム編み部分の
内側に縫いつける

ボンボンは幅5cmの厚紙に
糸を140回巻いて作り（P.37参照）、
ひもの端につける

4c

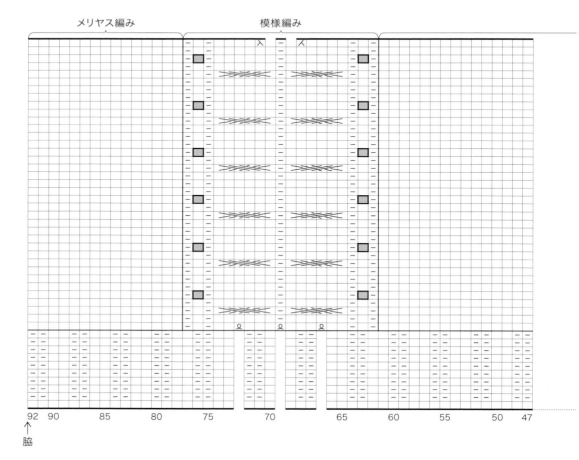

メリヤス編み　　　　　模様編み

92 90　　85　　　80　　　75　　　70　　　　65　　60　　55　　　50　47

↑
脇

8

## 帽子
※増減目は図参照

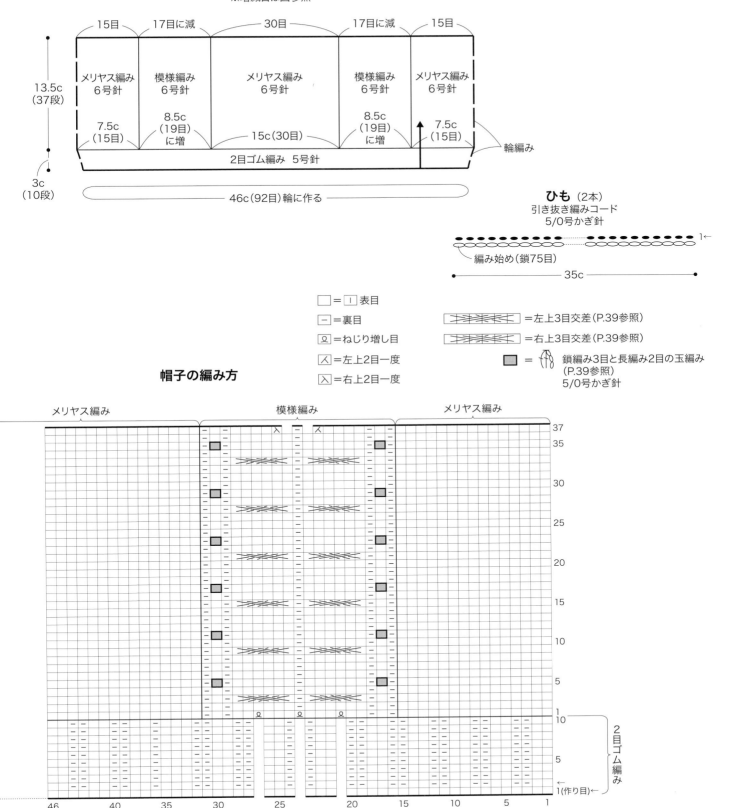

| 15目 | 17目に減 | 30目 | 17目に減 | 15目 |
|---|---|---|---|---|

メリヤス編み 6号針 模様編み 6号針 メリヤス編み 6号針 模様編み 6号針 メリヤス編み 6号針

13.5c（37段）

7.5c（15目） 8.5c（19目）に増 15c（30目） 8.5c（19目）に増 7.5c（15目）

輪編み

2目ゴム編み 5号針

3c（10段）

46c（92目）輪に作る

## ひも（2本）
引き抜き編みコード
5/0号かぎ針

1←

編み始め（鎖75目）

35c

□ = I 表目
－ = 裏目
 Q = ねじり増し目
人 = 左上2目一度
入 = 右上2目一度

= 左上3目交差（P.39参照）
= 右上3目交差（P.39参照）
□ = 鎖編み3目と長編み2目の玉編み（P.39参照）
5/0号かぎ針

## 帽子の編み方

メリヤス編み　模様編み　メリヤス編み

37 35 30 25 20 15 10 5 1

2目ゴム編み

1（作り目）←

46 40 35 30 25 20 15 10 5 1

↑脇

# R バラクラバ ▶ Photo：P.32

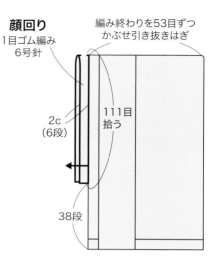

**顔回り**
1目ゴム編み
6号針

編み終わりを53目ずつ
かぶせ引き抜きはぎ

2c
(6段)

111目
拾う

38段

**仕上げ方**

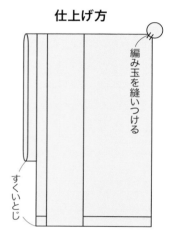

編み玉を縫いつける

すくいとじ

| | |
|---|---|
| 糸 | ○ハマナカ アメリー<br>　フォレストグリーン (34) 95g |
| 用具 | ○ハマナカ アミアミ手あみ針2本針　6号<br>○ハマナカ アミアミ両かぎ針ラクラク　5/0号 |

○ゲージ（10cm四方）
　メリヤス編み　22目　29段
○できあがり寸法　頭回り 44cm

### 🌿 編み方

1　一般的な作り目で編み始め、1目ゴム編み・メリヤ
　ス編み・模様編みで本体を編み、編み終わりをか
　ぶせ引き抜きはぎします。

2　本体から目を拾い、1目ゴム編みで顔回りを編み、
　編み終わりを伏せ止めします。

3　首回りをすくいとじします。

4　糸端を輪にする作り目で編み始め、編み玉を細編
　みで編み、中に余り糸を詰めます。編み終わりの
　目に糸を2回通してしぼり止めします。

5　本体に編み玉をつけます。

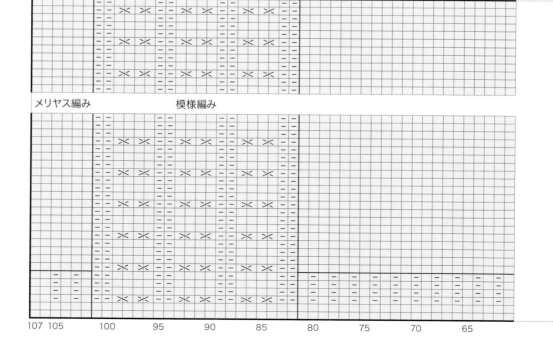

メリヤス編み　　　　　模様編み

107 105　　　100　　　95　　　90　　　85　　　80　　　75　　　70　　　65

## 本体
6号針

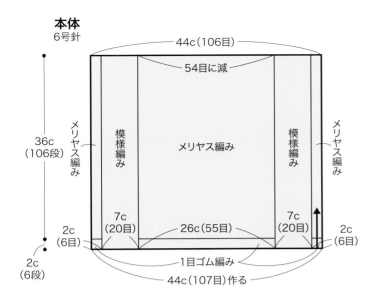

44c（106目）

54目に減

メリヤス編み

模様編み 　メリヤス編み 　模様編み 　メリヤス編み

36c（106段）

7c（20目）　26c（55目）　7c（20目）

2c（6目）　　　　　　　　　　2c（6目）

2c（6段）

1目ゴム編み

44c（107目）作る

## 編み玉の編み方
5/0号かぎ針

中に余り糸を詰めて、最終段の6目に糸を2回通してしぼり止め

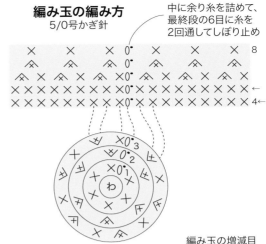

○ ＝鎖編み
× ＝細編み
Ｖ ＝細編み2目編み入れる
Λ ＝細編み2目一度
● ＝引き抜き編み

### 編み玉の増減目

| 段 | 目数 | 増減目 |
|---|---|---|
| 8 | 6 | 増減なし |
| 7 | 6 | 毎段6目減 |
| 6 | 12 | |
| 5 | 18 | 増減なし |
| 4 | 18 | |
| 3 | 18 | 毎段6目増 |
| 2 | 12 | |
| 1 | 6 | 輪の中に6目編み入れる |

## 顔回りの編み方

1目ゴム編みを編みながら伏せ止め

6

1（拾い目）←

111　　105　　101　　14　　10　　5　　1

□ ＝ | 表目　　　Ｘ ＝左上1目交差
− ＝裏目　　　Ｘ ＝右上1目交差
● ＝伏せ目　　Ｘ ＝左上2目一度

## 本体の編み方

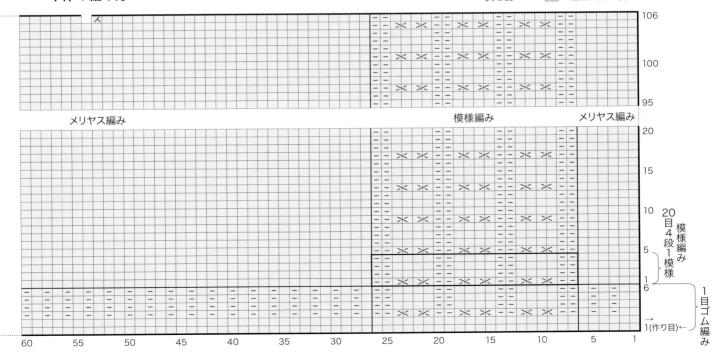

メリヤス編み　　　模様編み　　メリヤス編み

20目4段1模様　模様編み

1目ゴム編み

1（作り目）←

60　55　50　45　40　35　30　25　20　15　10　5　1

106　100　95　20　15　10　5　6　1

# S 耳当てキャップ ▶ Photo：P.34

a

b

糸 ○ハマナカ カミーナ タム
[a] ピンク (206) 25g
[b] からし (202) 25g
○ハマナカ カミーナ ストレート
[a] 茶色 (5) 20g、オレンジ (3) 15g
[b] 緑 (4) 20g、茶色 (5) 15g

用具 ○ハマナカ アミアミ手あみ針4本針　6号

○ゲージ（10cm四方）
メリヤス編み　18目　28段
ガーター編み　18目　40段

○できあがり寸法
頭回り 48cm

### 編み方

1 一般的な作り目で編み始め、ガーター編み・メリヤス編みで帽子を輪に編み、編み終わりの目に糸を2回通してしぼり止めします。

2 かぶり口から目を拾い、ガーター編みで耳当てを編み、編み終わりを伏せ止めします。

3 ボンボンを作り、トップにつけます。

## 配色表

|  | a | b |
|---|---|---|
| A色 | ピンク | からし |
| B色 | 茶色 | 緑 |
| C色 | オレンジ | 茶色 |

## 帽子
6号針

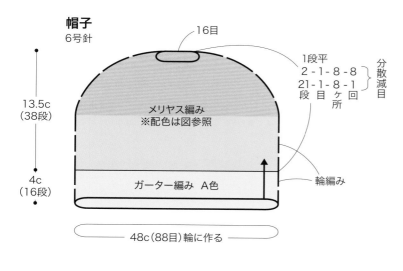

16目

1段平
2-1-8-8
21-1-8-1
段　目　ケ回
目　　　　所

分散減目

13.5c（38段）

4c（16段）

メリヤス編み
※配色は図参照

ガーター編み　A色

輪編み

← 48c（88目）輪に作る →

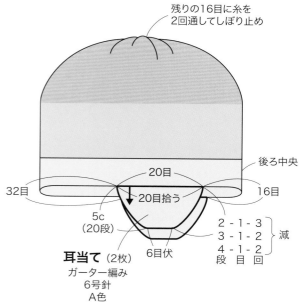

残りの16目に糸を2回通してしぼり止め

後ろ中央

32目

20目

20目拾う

16目

5c（20段）

6目伏

2-1-3
3-1-2
4-1-2
段　目　回

減

### 耳当て（2枚）
ガーター編み
6号針
A色

72

## 仕上げ方

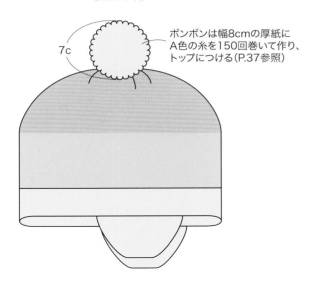

7c

ボンボンは幅8cmの厚紙に
A色の糸を150回巻いて作り、
トップにつける(P.37参照)

## 耳当ての編み方

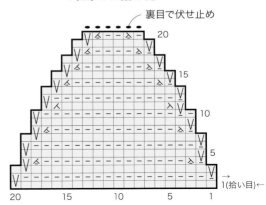

裏目で伏せ止め

20

15

10

5

1(拾い目)←

20　　15　　　10　　　5　　　1

□=A色　　□=表目　　人=左上2目一度(裏目)
　　　　　　　　　　　　編み地の裏側を見ながら左上2目一度を編む
□=B色　　−=裏目
□=C色　　人=左上2目一度　　人=右上2目一度(裏目)
　　　　　　　　　　　　編み地の裏側を見ながら右上2目一度を編む
　　　　　　人=右上2目一度
　　　　　　•−=伏せ目　　V V−=すべり目

## 帽子の編み方

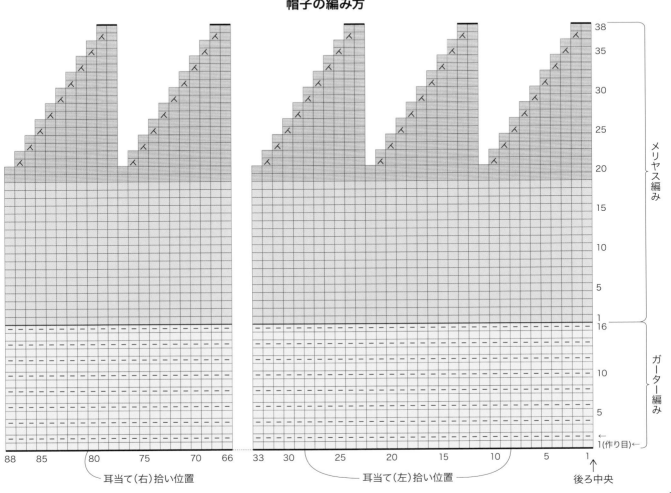

38

35

30

25

20

15

10

5

1

16

10

5

1(作り目)←

メリヤス編み

ガーター編み

88　85　　　80　　75　　　70　　66　　33　30　　　25　　　20　　　15　　　10　　　5　　　1

耳当て(右)拾い位置　　　　　耳当て(左)拾い位置　　　　　後ろ中央

## 編み方の基礎

### ♣ 棒針編み

#### 一般的な作り目

1
（編み地寸法の3.5倍＋とじ糸分）

糸を左手の親指と人さし指にかけ、針を矢印のように入れる

2
人さし指の糸をかけ、親指側にできている輪にくぐらせる

3
親指にかかっている糸を外す

4
糸端側の糸を親指にかけて引く。これが端の1目となる

5
親指にかかった糸を矢印のようにすくいあげる

6
人さし指にかかった糸を針にかけながら、親指の糸を輪にくぐらせる

7
親指の糸を外す

8
親指に糸をかけて軽く引き締める。これが2目めとなる。5〜8をくり返して必要目数を作る

9
できあがり。これを表目1段と数える。針を1本抜き、抜いた針で編み始める

**作り目を輪にする方法**

1　一般的な作り目　糸端側

必要目数の作り目をし、3本の針に分ける

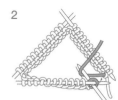

2
残りの針で最初の目を編み、輪に編んでいく。ねじれないように注意する

#### あとでほどく作り目

1　糸端側

別糸で必要目数の鎖編みをし、裏側の山に針を入れて糸を引き出す

2
1をくり返し、必要目数を拾う。これが1段めになる

3
1段めが編めた状態

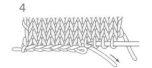

4
作り目の鎖をほどきながら目を針にとる

---

#### 表目 |

1　　2

#### 裏目 ―

1　　2

#### 伏せ目 ●

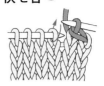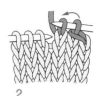

1　　2

---

#### すべり目 V

1　　2　　3

#### ねじり目 ℩

1　　2

#### ねじり増し目 ℩　※ねじり目と同じ記号なので注意

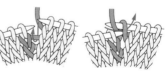

1　　2　　3

74

## 右上2目一度　〻

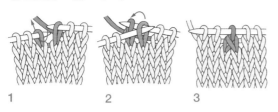

1　2　3

## 右上2目一度（裏目）　〻

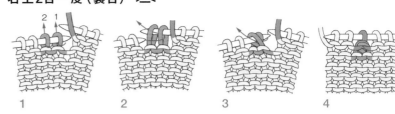

1　2　3　4

## 左上2目一度　〻

1　2　3

## 左上2目一度（裏目）　〻

1　2　3

## 右上1目交差　╳

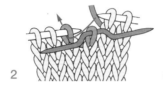

1　2　3　4

## 左上1目交差　╳

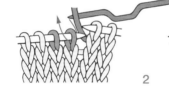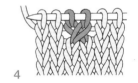

1　2　3　4

## 右上2目交差　╳

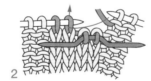

1　2　3　4

## 左上2目交差

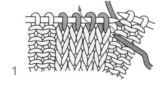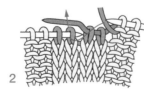

1　2　3　4

## 編み込み模様
| 横に糸を渡す方法

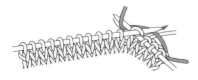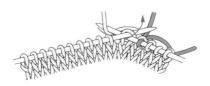

1　配色糸を編むときは地糸を
　下にして編む

2　地糸を編むときは配色糸を上にして
　休める。常に地糸は下、配色糸は
　上にして糸を渡しながら編む

3　編み地の裏側。
　つれたりゆるんだりしないように
　注意する

## すくいとじ

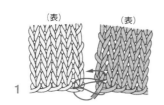 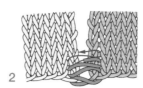 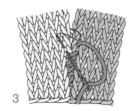 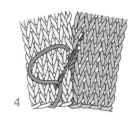

(表) (表)

1 　2 　3 　4

## かぶせ引き抜きはぎ

編み地を中表に合わせ、
かぎ針で向こう側の目を
引き抜いてから
引き抜き編みではぐ

向こう側の目を
引き抜く

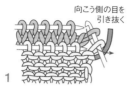 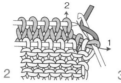 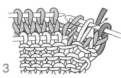  

1 　2 　3 　4 　5

# ❦ かぎ針編み

## 鎖編みの作り目

鎖編み（P.77 参照）を
必要目数編みます。

### ○ 鎖の裏山を拾う方法

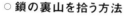

立ち上がり
鎖1目

作り目

1 　2 　3

### ○ 鎖の半目と裏山を拾う方法

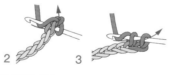

立ち上がり
鎖1目

作り目

1 　2 　3

### ○ 鎖編みで 輪を作る方法

必要目数

1 　2 　3

## 糸端を輪にする作り目　※ここでは細編みで説明します

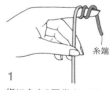
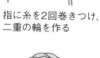

糸端

**1**
指に糸を2回巻きつけ、
二重の輪を作る

**2**
輪から指を外し、
輪の中に針を入れ、
矢印のように引き出す

**3**
立ち上がりの鎖1目
を編む

**4**
立ち上がりの鎖1目が編めた。
輪の中に針を入れ、糸をかけて
引き出し、細編みを編む

少し引く

**5**
指定数の細編みを編んだら、針にかかっ
ている目を引き伸ばして針を外す。
輪の根元を指で押さえ、糸端を少し引く

b
a

**6**
糸が引かれて短くなった
aの糸を矢印の方向に
引く

b
a

**7**
動いたほうのaの糸を
しっかり引いて、
bの糸を引き締める

b a
きつく引く

**8**
糸端を引いて、
aの糸を引き締める

**9**
5で外した目を針に戻し、
最初の細編みの頭の目
2本に針を入れる

**10**
針に糸をかけて
引き抜く

**11**
1段めが編めた
状態

**鎖編み**

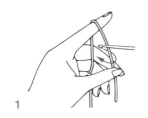 1 　 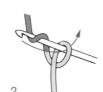 2 　  引っぱる 3 　  土台 4 　  1目め 5 　  鎖4目 6

**細編み** ✕

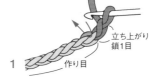 立ち上がり 鎖1目　作り目　1 　  2 　  3 　  4 　  5

**中長編み** ┬

 立ち上がり 鎖2目　作り目　1 　  2 　  3 　  頭　4 　  5

**長編み** ┬

  立ち上がり 鎖3目　作り目　1 　  2 　  1　3 　  2　4 　  5 　  6

**三つ巻き 長編み** ┬

  3回巻く 立ち上がり 鎖5目　作り目　1 　  1 2 3　2 　  3 　  4 　  5 　  6

---

**細編み2目編み入れる** ⋁

 1目め　1 　 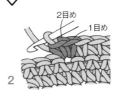 2目め　1目め　2

**細編み2目一度** ⋀

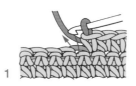 1 　 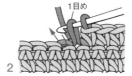 1目め　2 　 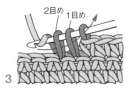 2目め　1目め　3

---

**長編み2目編み入れる** ⋁

 1目め　1 　  2目め　1目め　2

**長編み3目編み入れる** ⋁

 3目め　2目め　1目め

 も同じ要領で編みます

**長編み2目一度** ⋀　⋀ は同じ要領で中長編みを編みます

 1目め　1 　  2目め　1目め　2 　 3

## 細編みのすじ編み 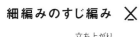 ※すじ編みは輪編み、うね編みは往復編みで編みます

1

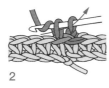
2

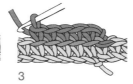
3

## 細編みのうね編み  も同じ要領で編みます

1

2

3

## 長編み3目の玉編み

同様に は未完成の長編み2目を編み、一度に引き抜きます

1

2

3

## 長編み5目のパプコーンを束に編む

1

2

3

## 細編みの表引き上げ編み

1

2

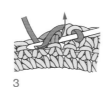
3

4

## 引き抜き編み

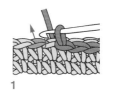
1

2

## 長編みの表引き上げ編み

1

2

3

4

## 鎖3目のピコット

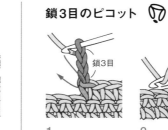
1

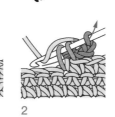
2

3

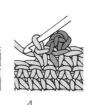
4

## 引き抜き編みコード

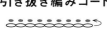

1

2

3

4

## スレッドコード

1

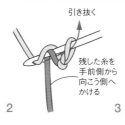
2

3

4

## 巻きかがりとじ

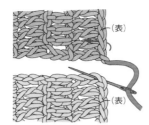

**1**
編み地の表側を上にしてつき合わせ、
作り目の端の目にとじ針を入れ、
向こう側の作り目の2目をすくう

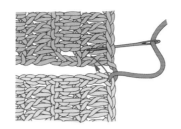

**2**
手前側の作り目に矢印のように
針を入れ、糸を裏側に出す

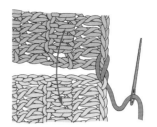

**3**
糸を引き締め、編み地を
中表に合わせる

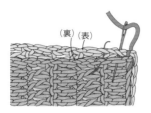

**4**
向こう側から目を割るように、
端の目に針を入れて引き出し、
次の段の頭をすくう

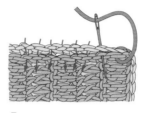

**5**
各段の頭は必ずすくい、編み地の段が
ずれないようにとじ合わせる。
長編みの場合は、長編み1段を
2回の割合でかがる

**6**
一針ごとにややきつめに糸を
引き締める

---

## モチーフのつなぎ方
（引き抜き編みで編みながらつなぐ方法）

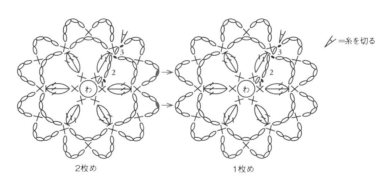

＝糸を切る

2枚め　　　1枚め

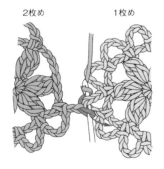

**1**
2枚めのモチーフを編みながら、
1枚めのモチーフにつなぐ。
2枚めのモチーフのつなぐ手前まで編んだら、
1枚めのモチーフの鎖編みを束にすくい、
引き抜き編みを編む

**2**
続けて鎖編みを編む

**3**
モチーフがつながったところ

**4**
同様にして、指定の位置で
つないでいく

## Design

池上舞　岡まり子　岡本啓子　鎌田恵美子　河合真弓
川路ゆみこ　かんのなおみ　長者加寿子　ナガイマサミ
水原多佳子　ATELIER *mati*　marshell

## Staff

| | |
|---|---|
| Book design | 平木千草 |
| Photograph | 白井由香里（カバー、口絵）　島田佳奈（目次、P.36-40） |
| Styling | 西森萌 |
| Hair-make | 山田ナオミ |
| Model | タカギ ルイ、ザコニキ ジュリ、ピーコック ルーニ、<br>ホーランド アマネ、エス ユズト |
| Trace | 米谷早織 |
| Proofread | 木串かつ子 |
| Edit | 矢口佳那子 |
| Edit desk | 朝日新聞出版 生活・文化編集部（上原千穂） |

### ●撮影協力

monmimi　TEL 050-5211-5532
https://www.monmimi.co.jp

P.1・P.12・P.31のスカート／P.1・P.16のチェックシャツ／P.10の水色Tシャツ／
P.12のロングTシャツ／P.19（a）（b）のボーダートップス／P.19（a）のデニム／
P.19（b）・P.20・P.21・P.32・P.33のデニムオールインワン／P.20の赤いTシャツ／
P.21のカーディガン／P.22の水玉カーディガン／P.26の茶色ロングTシャツ／
P.26のシャツ／P.30のチェックシャツ、チェックパンツ、マスタードロングTシャツ／
P.31のトップス／P.35のレザー風ジャケット

AWABEES　TEL 03-6434-5635

本書は『動画つき決定版！よくわかる基礎棒針編み』、
『動画つき決定版！よくわかる基礎かぎ針編み』（小社刊）
から基礎のイラストを流用し編集しています。

### ●素材・用具提供

ハマナカ株式会社
〒616-8585　京都市右京区花園薮ノ下町2番地の3
TEL 075-463-5151
http://www.hamanaka.co.jp

気軽に編めて、かぶってかわいい！

# 春夏秋冬のこどもの帽子

| | |
|---|---|
| 編　著 | 朝日新聞出版 |
| 発行者 | 片桐圭子 |
| 発行所 | 朝日新聞出版 |
| | 〒104-8011　東京都中央区築地5-3-2 |
| | （お問い合わせ）infojitsuyo@asahi.com |
| 印刷所 | 図書印刷株式会社 |

©2024 Asahi Shimbun Publications Inc.
Published in Japan by Asahi Shimbun Publications Inc.
ISBN 978-4-02-334156-2